O TÍMPANO DAS VIRTUDES
ARTE, ÉTICA E DIREITO

Outros Livros do Autor

Filosofia do Direito
Pensar o Direito I. Do Realismo Clássico à Análise Mítica, Coimbra, Almedina, 1990; *II. Da Modernidade à Postmodernidade*, Coimbra, Almedina, 1991
Amor Iuris. Filosofia Contemporânea do Direito e da Política, Lisboa, Cosmos, 1995 (esgotado)
Lições Preliminares de Filosofia do Direito, Coimbra, Almedina, 1998, 2.ª ed. revista e actualizada, Coimbra, Almedina, 2002
Lições de Filosofia Jurídica. Natureza & Arte do Direito, Coimbra, Almedina, 1999
Le Droit et les Sens, Paris, L'Archer, dif. P.U.F., 2000
Temas e Perfis da Filosofia do Direito Luso-Brasileira, Lisboa, Imprensa Nacional-Casa da Moeda, 2000
O Ponto de Arquimedes. Natureza Humana, Direito Natural, Direitos Humanos, Coimbra, Almedina, 2001
Mythe et Constitutionnalisme au Portugal (1778-1826). Originalité ou influence française? (Tese de Doutoramento na Secção de História do Direito, Centro de Filosofia do Direito, na Universidade de Paris II, antiga Faculdade de Direito de Paris), Lisboa, Centro de História da Cultura – Universidade Nova de Lisboa, em publicação (2 vols. publicados)

Ciências Políticas e Direito Público
O Procedimento Administrativo, Coimbra, Almedina, 1987
Quadros Institucionais – do social ao jurídico, Porto, Rés, 1987 (esgotado); refundido e aumentado in *Sociedade e Direito*, Porto, 1990
Constituição, Direito e Utopia. Do Jurídico-Constitucional nas Utopias Políticas, Coimbra, 'Studia Iuridica', Boletim da Faculdade de Direito, Universidade de Coimbra/Coimbra Editora, 1996 (tese de doutoramento em Direito. Ciências Jurídico-Políticas, na Faculdade de Direito da Universidade de Coimbra)
Res Publica. Ensaios Constitucionais, Coimbra, Almedina, 1998
Mysteria Ivris. Raízes Mitosóficas do Pensamento Jurídico-Político Português, Porto, Legis, 1999
A Constituição do Crime. Da Substancial Constitucionalidade do Direito Penal, Coimbra, Coimbra Editora, 1998
Responsabilité et culpabilité, Paris, P.U.F., 2001
Teoria da Constituição, vol. I. *Mitos, Memórias, Conceitos*, Lisboa /São Paulo, Verbo, 2002; vol. II. *Direitos Humanos, Direitos Fundamentais*, Lisboa / São Paulo, Verbo, 2000
Direitos Humanos (org.), Prefácio de Jorge Miranda, Coimbra, Almedina, 2003
Teoria do Estado Contemporâneo (org.), Lisboa / São Paulo, Verbo, 2003
Política Mínima, Coimbra, Almedina, 2003
Miragens do Direito. O Direito, as Instituições e o Politicamente Correto, Campinas, São Paulo, Millennium, 2003

História Constitucional e das Instituições
Mito e Constitucionalismo. Perspectiva conceitual e histórica, Coimbra, Faculdade de Direito, 1990 – tese de Mestrado em Direito – Ciências Jurídico-Políticas, na Faculdade de Direito da Universidade de Coimbra (esgotado)
História da Faculdade de Direito de Coimbra, Porto, Rés, 1991, 5 vols., Edição Comemorativa do VII Centenário da Universidade, patrocinada pela Faculdade de Direito de Coimbra, Prefácio de Orlando de Carvalho (com a colaboração de Reinaldo de Carvalho)
Para uma História Constitucional do Direito Português, Coimbra, Almedina, 1995

Metodologia Jurídica e Introdução ao Direito
Introdução à Teoria do Direito, Porto, Rés, 1988 (esgotado)
Noções Gerais de Direito, Porto, Rés, 1.ª ed., 1988, várias eds. ulteriores (em colaboração com José Falcão, Fernando Casal, e Sarmento Oliveira). Há edição bilingue português-chinês, aumentada
Problemas Fundamentais de Direito, Porto, Rés, 1988 (esgotado)
Direito, Porto, Asa, 1990; 2.ª ed. 1991; 3.ª ed., 1994 (esgotado)
Direito. Guia Universitário, Porto, Rés, 1990 (colaboração com Javier Hervada)
Princípios de Direito, Porto, Rés, 1993
«Peço Justiça!», Porto, Asa, 1995 (esgotado)
Tópicos Jurídicos, Porto, Asa, 1.ª e 2.ª eds., 1995 (esgotado)
Instituições de Direito. I. Filosofia e Metodologia do Direito, Coimbra, Almedina, 1998 (org.); *II. Enciclopédia Jurídica*, Coimbra, Almedina, 2000 (org.), Prefácio de Vítor Aguiar e Silva
Propedêutica Jurídica. Uma Perspectiva Jusnaturalista, Campinas, São Paulo, Millennium, 2001 (em colaboração com Ricardo Dip)
Droit et Récit, Québec, Les Presses de l'Université Laval, 2003
Memória, Método e Direito. Iniciação à Metodologia Jurídica, Coimbra, Almedina, 2004

Ensaios Jurídicos Interdisciplinares
Arqueologias Jurídicas. Ensaios Jurídico-Políticos e Jurídico-Humanísticos, Porto, Lello, 1996
Peccata Iuris. Do Direito nos Livros ao Direito em Acção, Lisboa, Edições Universitárias Lusófonas, 1996
Faces da Justiça, Coimbra, Almedina, 2002
O Século de Antígona, Coimbra, Almedina, 2003

Poesia e Ficção
Tratado das Coisas Não Fungíveis, Porto, Campo das Letras, 2000
E Foram Muito Felizes, Porto, Caixotim, 2001
Escadas do Liceu, São Paulo, Mandruvá, 2004, Prefácio de Gilda Naécia Maciel de Barros

PAULO FERREIRA DA CUNHA

O TÍMPANO DAS VIRTUDES
ARTE, ÉTICA E DIREITO

ALMEDINA

TÍTULO:	O TÍMPANO DAS VIRTUDES ARTE, ÉTICA E DIREITO
AUTOR:	PAULO FERREIRA DA CUNHA
EDITOR:	LIVRARIA ALMEDINA – COIMBRA www.almedina.net
LIVRARIAS:	LIVRARIA ALMEDINA ARCO DE ALMEDINA, 15 TELEF. 239 851900 FAX 239 851901 3004-509 COIMBRA – PORTUGAL livraria@almedina.net
	LIVRARIA ALMEDINA ARRÁBIDA SHOPPING, LOJA 158 PRACETA HENRIQUE MOREIRA AFURADA 4400-475 V. N. GAIA – PORTUGAL arrabida@almedina.net
	LIVRARIA ALMEDINA – PORTO R. DE CEUTA, 79 TELEF. 22 2059773 FAX 22 2039497 4050-191 PORTO – PORTUGAL porto@almedina.net
	EDIÇÕES GLOBO, LDA. R. S. FILIPE NERY, 37-A (AO RATO) TELEF. 21 3857619 FAX 21 3844661 1250-225 LISBOA – PORTUGAL globo@almedina.net
	LIVRARIA ALMEDINA ATRIUM SALDANHA LOJAS 71 A 74 PRAÇA DUQUE DE SALDANHA, 1 TELEF. 213712690 1050-094 LISBOA atrium@almedina.net
	LIVRARIA ALMEDINA – BRAGA CAMPUS DE GUALTAR, UNIVERSIDADE DO MINHO, 4700-320 BRAGA TELEF. 253678822 braga@almedina.net
EXECUÇÃO GRÁFICA:	G.C. – GRÁFICA DE COIMBRA, LDA. PALHEIRA – ASSAFARGE 3001-453 COIMBRA E-mail: producao@graficadecoimbra.pt
	ABRIL, 2004
DEPÓSITO LEGAL:	207923/04

Toda a reprodução desta obra, por fotocópia ou outro qualquer processo, sem prévia autorização escrita do Editor, é ilícita e passível de procedimento judicial contra o infractor.

À Memória de
Lima de Freitas

À Senhora Professora
Dr.ª Cidália M. da Cruz Henriques

*Estudo realizado no âmbito do Instituto Jurídico Interdisciplinar
da Faculdade de Direito da Universidade do Porto,
Linha de Investigação em "Direito, Literatura e Arte".*

"Como a arte do desenho, a história é conhecimento descritivo; o leitor dum livro de história sente, ao ver funcionar os sobressaltos dos assuntos humanos, um prazer da mesma ordem que o de um amador florentino observando a forma e o jogo de cada músculo, de cada tendão. Tal é o interesse da história (…)"

PAUL VEYNE, *Como se Escreve a História*, p. 261.

"O segredo da inovação e da invenção está em destacar informação de um contexto e colocá-la noutro"

DERRICK DE KERCKHOVE, *A Pele da Cultura*, p. 70

PREFÁCIO

Este estudo foi escrito sob verdadeira paixão e entusiasmo. Nele se fundiram o febril e o metódico, o enlevado e o rigoroso, em insuspeitadas cumplicidade e harmonia. Nele confluíram muitas preocupações que fervilhavam no nosso espírito no momento, mas sobretudo perplexidades que silenciosamente ruminavam e germinavam desde há muitos anos.

Permita-se-nos recordar em voz alta dois ou três marcos que explicam a estória *deste escrito.*

Antes de mais, as nossas sempre renovadas investigações sobre a simbologia e iconologia jurídicas, que quando o encetámos tinham chegado a um termo (sempre provisório, embora de momento aceitável), mas que expuséramos apenas sumariamente num artigo não dedicado expressis verbis *ao tema[1]. Era por isso importante voltar à questão, dando-a como de momento resolvida, continuando os estudos na mesma linha, mas com tal problema definido à partida.*

E que melhor senão voltar a esse lugar mítico-utópico que é a Stanza della Segnatura, *a cujo contributo para a jusfilosofia já tínhamos aludido numa conferência em Itália[2], a qual viria a dar título a um livro publicado em França?[3]*

---

[1] *Direito e Humor*, in "Psicologia, Educação, Cultura", vol. IV, n.° 2, Porto, Dezembro 2000 (saíu em Janeiro 2001), p. 411-435, recolhido in *Faces da Justiça*, Coimbra, Almedina, 2002, pp. 27-56.

[2] *Dalla simbologia giuridica a una filosofia giuridica e politica simbolica? ovvero Il Diritto e i sensi*, in "Quaderni Filosofici", Pádua, CEDAM, 1998.

[3] *Le Droit et les Sens,* Paris, L'Archer, dif. P.U.F., 2000.

Para tudo contribuíram também os nossos estudos de História da Arte e de Desenho, na Faculdade de Letras do Porto e na Escola Superior Artística do Porto. O reconhecimento aos nossos Professores de uma e outra Escolas é não só um dever, mas um prazer, porque nos recorda singulares aventuras do espírito, e só nos traz boas recordações pessoais. E isso também nos faz pensar na simpatia dos nossos Colegas, tão essencial nessa reaprendizagem do ser estudante, vívida experiência real que vale mais que todas as burocracias e todas as pedagogias dos teóricos e dos tecnocratas que, tantas vezes não sabendo, nem sabendo ensinar, contudo ensinam a ensinar, ou mandam em quem ensina.

Sobretudo a três pessoas se deve este trabalho: à inspiração geral do saudoso Mestre Lima de Freitas, a M. François Vallançon, que um dia nos anunciou o projecto "Le Rapport Raphael": livro futuro cujo título constitui "tout un programme".

E muito em especial ao estímulo da Senhora Prof.ª Dr.ª Cidália Henriques, regente de História da Arte na ESAP, e sua antiga Directora académica, que foi o nosso interlocutor primeiro e o nosso leitor ideal, ao longo das laboriosas horas de redacção, e sem cujo incitamento jamais teríamos tido a imprudência de começar, a coragem de perseverar, e a intemperança de fazer tal obra.

Como é óbvio, todos se encontram inocentes de pecados que são apenas nossos. Vai este livro dedicado só a dois dos três, pelo pudor de dedicar mais uma vez um livro ao nosso mestre francês.

Poupámo-nos (e ao leitor) a ciclópicos amontoados de bibliografia. Embora tenhamos feito insistentes (e nem sempre bem sucedidas) e ruinosas (para as finanças de um pobre catedrático em dedicação exclusiva) encomendas de obras de toda a parte – pela Internet.

Comandaram estes nossos labores a dupla e incindível afeição pela Justiça e pelo Belo, e, confessamo-lo, algum espírito de amor (mais que de charitas*) intelectual para com os nossos alunos de Filosofia do Direito, na esperança também de que nos leiam e por si apreciem o tédio do Direito sem arte, e a excelência do Direito com ela.*

Temos fé que equilibradas entre si as virtudes, tudo somado nos valha alguma justificação.

AGRADECIMENTOS

Além das Pessoas e Instituições já referidas no Prefácio, a nossa dívida extende-se a muitas mais, a quem desejamos, penhoradamente, agradecer.

Algumas versões estrangeiras da Bíblia foram-nos facultadas pelo Sr. P.e Prof. Doutor Barros de Oliveira, da Universidade do Porto.

Pela Internet, recebemos preciosa ajuda em versões latinas e grega da parte do Sr. Eng.° Manuel M. Domenech Izquierdo, do Sr. Prof. Doutor Enrique Martínez, e de Frei Hermenegildo Faria, dos Seminários de Braga.

Parte de um capítulo deste livro foi exposta, numa primeira versão, numa conferência proferida na Universidade de São Paulo (USP), por amável convite do Sr. Prof. Doutor Jean Lauand, o qual também co-editou o respectivo texto escrito: Virtudes cardeais no afresco de Rafael – Arte, Ética e Jusfilosofia, in "Videtur", São Paulo/ /Porto, n.° 15, Instituto Jurídico Interdisciplinar da Faculdade de Direito do Porto/Universidade de São Paulo/Mandruvá, 2002, pp. 5-24.

Uma palavra de agradecimento é ainda justamente e com prazer devida aos Colegas do Instituto Jurídico Interdisciplinar da Faculdade de Direito da Universidade do Porto, em cujo plano de investigações este estudo se integra, e em especial ao Director da linha de investigação de "Direito, Arte e Literatura", Sr. Prof. Doutor Arqto. Henrique Fabião.

As estampas aqui reproduzidas são-no com autorização expressa de Christus Rex, Inc. (http://www.christusrex.org), *graças à boa vontade do seu Director executivo, Sr. Michael Olteanu.*

Bem hajam todos!

São Paulo, 29 de Fevereiro de 2004

ÍNDICE

Prefácio 9

Agradecimentos 11

Parte I.
CONTEXTOS

I. **Introdução filosófico-epistemológica** 17

II. **Reflexões periodológicas** 27

III. **Em demanda de Rafael** 35

Parte II.
PARATEXTOS

I. **Pré-Textos** 49

II. **Relance e Modo-de-Olhar** 61

III. **Teologia e Poesia** 67

    – *A Teologia* 67

    – *A Poesia* 70

IV. **Polaridades: Interior e exterior, cultural e natural, humano e divino** 71

Parte III.
TEXTOS

I. **Saber e Escola** 75

    – *Composição e Espaço* 75

    – *O Diálogo* 78

– *A Escola*	79
– *O Saber*	80
– *Sequência*	81

II. O Tímpano das Virtudes 83
- *Cosmovisão platónica e Justiça helénica na Composição* 83
- *As Virtudes e a Justiça. Fontes platónicas* 91
- *A Virtude das Virtudes: Justiça ou Prudência?* 94
- *As fontes: as virtudes em Tomás de Aquino* 96
- *As fontes: o problema hermenêutico de* Sabedoria, VIII, 7 97
- *O projecto epistemológico de Tomás de Aquino no Tratado da Justiça* 104
- *Rafael, os Filósofos e o Direito* 108
- *As Virtudes e as Teorias da Justiça* 111
- *Concordia* 114
- *Ainda as Virtudes* 121

CONCLUSÃO

- *Arte* 131
- *Saber* 131
- *Ética, Justiça e Direito* 132
- *Génio e Epigonismo* 134

Créditos das Estampas 137

Bibliografia 139

Parte I. **CONTEXTOS**

I. *Introdução filosófico-epistemológica*

É cada vez mais patente nos nossos dias desencantados[4], e por isso desconfiados de meta-narrativas jamais inócuas, que as histo-

---

[4] Este desencanto manifesta-se por uma pluralidade de obras que, de uma maneira ou de outra, assinalam o nihilismo hodierno, mesmo (e talvez sobretudo) quando tal nihilismo não corresponda a nenhuma consciente e documentada tomada de posição filosófica. Alguns ecos deste desencantamento e tendência para o *aligeiramento* a tender para o nada, o que pode redundar em despersonalização ou em individualismo, e, sempre, com em barbarização e nesciência: GILLES LIPOVETSKY, *L'Ere du Vide*, trad. port. de Miguel Serras Pereira e Ana Luísa Faria, *A Era do vazio. Ensaio sobre o Individualismo Contemporâneo*, Lisboa, Relógio d'Água, 1988; GIANNI VATTIMO, *La Società Transparente*, Garzanti ed., 1989, trad. port. de Carlos Aboim de Brito, *A Sociedade Transparente*, Lx., Edições 70, 1991; ENRIQUE ROJAS, *O Homem Light. Uma Vida sem Valores*, trad. port. de P. Virgílio Miranda Neves, Coimbra, Gráfica de Coimbra, 1995; PIER PAOLO OTTONELLO, *La Barbarie Civilizzata*, Génova, Arcipelago, 1993; JEAN-FRANÇOIS MATTÉI, *La Barbarie Intérieure. Essai sur l'immonde moderne*, Paris, P.U.F., 1999; Mais especificamente no plano jurídico, PHILIP K. HOWARD, *The Death of Common Sense. How Law is Suffocating America*, Nova Iorque, Random House, 1994. Para a Filosofia, e entre nós, LEVI MALHO, *O Deserto da Filosofia*, Porto, Rés, s/d. Alguns dos problemas de base já se encontravam detectados em KONRAD LORENZ, *Die acht Todsuenden der zivilisierten Menscheit*, Munique, Pieper & Co., 1973. Quanto ao paralelo cepticismo hodierno, cf., por todos, *Le retour des sceptiques*, número 394, Janeiro de 2001 do "Magazine Litteraire". Sobre o relativismo e a crise de valores, também por todos, PAUL VALADIER, *L'Anarchie des valeurs*, Paris, Albin Michel, 1997, trad. port. de Cristina Furtado Coelho, *A Anarquia dos Valores. Será o Relativismo Fatal?*, Lx., Instituto Piaget, 1998. Sobre relações entre virtudes e valores, recentemente, LUZ GARCIA ALONSO, *Naturaleza de los Valores*, in "Espiritu", ano XLIX, 2000, n.° 122, máx. p. 224 ss. *et passim*. Sempre mais ou menos optimista, FRANCIS FUKUYAMA, *A Grande Ruptura. A natureza humana e a reconstituição da ordem social*, trad. port. de Mário Dias Correia, Lx., Quetzal, 2000. Contrariando preconceitos ideológicos, PETER BERKOWITZ, *Virtue and making of Modern Liberalism*, Princeton Univ. Press, 1999.

riografias particulares, assim como as filosofias especiais, tais como a História da Medicina, ou a Filosofia do Direito, não são saberes que meramente se debrucem de forma atenta e descritiva sobre a realidade do devir ou do especular nas respectivas áreas-fonte ou áreas-mãe (no caso, a Medicina ou ciência médica, e a Jurisprudência, Direito ou "ciência" jurídica), numa espécie de navegação de cabotagem. Ao invés se exercem elas com bastante autonomia, por vezes muito ao largo das suas costas científicas de base[5]. E não raro as vemos imbuídas de chaves de leitura, de operadores interpretativos, ou, como diríamos hoje, de paradigmas[6], que, no limite, como decerto afirmariam os mais cépticos, utilizam os *data* sobretudo para ilustração e argumento[7]. Também sucede que os "factos" (que apesar de tudo não morreram, nem são puros frutos da subjectividade) pelas próprias Filosofia e História gerais se foram muitas vezes usando com abusiva liberdade. Mas nestas ciências de segundo grau, que se exercem sobre outras *epistemai*, é mais natural que a História de..., a Filosofia de..., a Sociologia de... a Psicologia de...[8] ocultem uma *ideologia de...* ou, no mínimo

---

[5] Desde logo, porque a própria definição ou ponto de partida para o estudo de umas e de outras das disciplinas em causa não é idêntico. Centrando-nos apenas no quadrante histórico, perguntar-se-á se a História da Medicina não incluirá alguma magia nos seus primórdios, a da Química alguma Alquimia, e se, ao longo de toda a sua História, a História Jurídica não será mais história da injustiça do que da Justiça.

[6] Como se sabe, o conceito entrou no léxico científico-epistemológico de maior curso (recepção filosófica e cultural mais geral) sobretudo a partir da forma de que o dotou THOMAS S. KUHN, *The Structure of Scientific Revolutions*, Chicago, Chicago University Press, 1962.

[7] Parece todavia haver (ou, ao menos, dever haver) uma grande diferença de atitudes entre, por exemplo, o historiador das religiões e o historiador das técnicas quanto às suas valorações e intervenções pessoais (e a uma atitude concomitantemente mais ou menos relativista). Cf., neste sentido, E. H. GOMBRICH, *Topics of our Time*, Phaidon Press, 1991, trad. cast. de Mónica Rubio, *Temas de Nuestro Tiempo. Propuestas del Siglo XX acerca del Saber y del Arte*, Madrid, Debate, 1997, p. 48.

[8] Especificamente sobre um certo estranhamento face ao sentido e estatuto da Psicologia da Arte, RUDOF ARNHEIN, *Toward a Psychology of Art/Entropy and*

(e isso parece inelutável), deixem transparecer uma *Weltanschauung* a uma leitura mais atenta.

A História da Arte não foge a esta situação.

Ainda há não muito, se dizia que Ernst Cassirer se tornara "o filósofo" dos historiadores de arte[9]. Mas não é apenas, nem sobretudo, no domínio das preferências por autores que a questão se torna relevante. É-o, especialmente, ao nível das cosmovisões, que se consubstanciam, por densificação ou concretização, em formas de fazer história de arte[10], ou estratégias[11] das diferentes Histórias da Arte. E curiosamente (além e concorrendo com os pressupostos ideológicos e afins em presença), uma disciplina que já é de si híbrida (por, desde logo, juntar História e Arte) acaba por ganhar o seu ponto de mira, e assim também boa parte da sua consistência (além do seu "estilo"), fundamentalmente a partir de uma terceira disciplina. E tal sucede com a História da Arte como com a Filosofia da Economia, ou com a História da Matemática. Todas estas disciplinas de segundo grau ganham coerência (embora umas mais que

---

Art – An Essay on Disorder and Order, trad. port. de João Paulo Queiroz, *Para uma Psicologia da Arte & Arte e Entropia*, Lx., Dinalivro, 1997, p. 14. E quanto às relações entre psicólogos e artistas, *Ibidem*, máx. p. 30 ss..

[9] RAINER ROCHLITZ, *Le philosophe des historiens d'art*, in "Critique", t. LII, n.º 586, Paris, Minuit, mars 1996, p. 207 ss.. Tal era, porém, de algum modo previsível, dada a influência de Cassirer já sobre Warburg e Panofsky. Cf., *v.g.*, GERMAIN BAZIN, *Histoire de l'Histoire de l'Art*, Paris, Albin Michel, 1986, trad. bras. de Antonio de Padua Danesi, *História da História da Arte*, S. Paulo, Martins Fontes, 1989, p. 180 ss..

[10] Estamos basicamente persuadido de que as principais formas de História de Arte, com atinências não simplesmente metodológicas, mas também e em boa medida filosóficas *hoc sensu*, são as enunciadas por JOSÉ FERNÁNDEZ ARENAS, *Teoría y Metodología de la Historia del Arte*, 2.ª ed., 2.ª reimp., Barcelona, Anthropos, 1990 (1.ª ed. 1982), p. 41 ss.: 1) ciência das fontes e dos documentos; 2) história dos artistas; 3) história dos factos históricos; 4) história dos estilos e das formas; 5) história das ideias e das imagens; 6) sociologia da arte; 7) expressão da luta de classes; 8) história da linguagem visual. A estes básicos tipos-ideais se juntam as fórmulas híbridas, evidentemente.

[11] RAINER ROCHLITZ, *Stratégies de l'histoire de l'art,* in "Critique", t. LII, n.º 586, Paris, Minuit, mars 1996, p. 131 ss..

outras, na *adequação do intelecto à coisa*, mas isso é já outro problema) à luz de uma terceira, como se, no limite, tudo dependesse apenas de uma charada da *ars combinatoria*. Pode haver, consequentemente, perspectivas teologistas ou, de algum modo, recorrendo a explicações teológicas, perspectivas especificamente filosóficas (e as mais pontualmente metafísicas ou ontologistas), perspectivas propriamente históricas ou historicistas (sendo o historicismo sobretudo um relativismo contextualista[12]), perspectivas económicas e economicistas, psicológicas e psicanalíticas, também passíveis de exagero, e visões sociológicas e sociologistas, etc.. Tratando-se de arte, há também perspectivas especificamente estéticas, que se exageram em enfoques estetizantes ou formalistas. Recentemente, outras abordagens se vêm juntar a estas, epistémicas, e às ideológicas clássicas (que sob estas também se encontram), como as visões etnicistas e as perspectivas feministas da História da Arte[13]. Por outro lado, a consideração de casos particulares de historiadores e estudos históricos de arte pode levar a ecletismos curiosos, assumidos ou não, com recusa ou matização do todo ou parte das influências[14].

---

[12] Cf., uma equacionação especialmente feliz do problema *in* LEO STRAUSS, *Natural Right and History*, Chicago, The Chicago University Press, 1953, trad. fr. de Monique Nathan e Éric De Dampierre, *Droit Naturel et Histoire*, nova ed., Paris, Flammarion, 1986, p. 21 ss.. Noutra clave, igualmente interessante, KARL POPPER, *The Poverty of Historicism*, trad. cast. de Pedro Schwartz, *La Miseria del Historicismo*, (5.ª ed.?) Madrid, Alianza Editorial, 1987.

[13] Cf., por todos, GRISELDA POLLOCK, *Vision and Difference: Feminity, Feminism and the Histories of Art*, 1988. Para uma breve panorâmica, MARCIA POINTON, *History of Art*, 4.ª ed., Londres e Nova Iorque, Routledge, 1997, p. 44 ss.. Sobre o "gendered subject", diversas vozes se recolhem *in* DONALD PREZIOSI (Ed.), *The Art of Art History. A Critical Anthology*, Oxford History of Art, Oxford, Oxford University Press, 1998, p. 339 ss.

[14] Um caso interessante, entre a catalogação de marxista (e "crítico social" ou "politizador da arte") e de adepto da análise psicanalítica, é o de Fuller. Cf., *v.g.*, PETER FULLER, *Art and Psychoanalysis*, Londres, Writers & Readers, 1980, trad. port. de Manuel João Gomes, Lx., Dom Quixote, 1983.

Contextos

A nossa perspectiva é assumidamente ecléctica, até como forma de evitar os exageros de qualquer das abordagens singulares. E afigura-se-nos que, independentemente de profissões de fé teóricas, o mais importante nesta matéria é aquilatar do tipo de História de Arte que em concreto se faz.

Neste sentido, a escolha do presente tema, além da sua importância em si (a *Stanza della Segnatura* é considerada por muitos, desde sempre, a mais acabada obra prima[15] daquele que também tem sido considerado como o príncipe dos pintores de todos os tempos[16]), e da ligação insofismável com matérias que conhecemos, devido a labores de outras searas, como as da iconologia da Justiça, impôs-se-nos ainda por uma razão de exemplificação metodológica (ou de estratégia ou estilo, se preferirmos).

É que foi precisamente este conjunto pictórico que motivou a Woelfflin as considerações mais opostas à perspectiva que, eclecticamente embora, defendemos. Na verdade, o clássico esteta, baseado nos anteriores trabalhos de Franz Wickhoff sobre a *Stanza*, que já de si constituíam uma reacção ao minucioso historicismo erudito de Anton Springer, lançou o provocatório *leitmotiv* da interpretação artística prescindindo do conhecimento histórico: a obra de Rafael (como todas as outras, aliás) poder-se-ia compreender apenas no plano formal e estético[17].

---

[15] Ou, pelo menos, em conjunto com as restantes *Stanze*. Cf., *v.g.*, ROBERTO SALVINI, *Stanze e Logge di Raffaello*, reimp., Novara, Istituto Geografico De Agostini, 1998, p. 3; EVERARD M. UPJOHN *et al.*, *History of World Art*, 2.ª ed., Nova Iorque, Oxford University Press, 1958, trad. port. de Manuela França, ver. técn. de José-Augusto França, *História Mundial da Arte*, 9.ª ed., Lx., Bertrand, 1997, III vol., p. 132. A opinião de E. H. GOMBRICH, *Norm and Form*, trad. bras. de Jefferson Luiz Camargo, *Norma e Forma*, São Paulo, Martins Fontes, 1990, p. 135 convida-nos a uma mais profunda reflexão: "Acostumamo-nos de tal forma a incidir (a) nossa ênfase em algum ponto perto da *Stanza della Segnatura*, que vemos qualquer desvio dessa solução específica como algo menos harmonioso".

[16] Não se ignoram os contraditores desta exaltação, nem algo do sentido e razões para uma tal primazia. Mas até por esse facto, e a benefício de inventário, é interpelante o desafio.

[17] Woelfflin inspira-se também, para o enquadramento geral da sua tese, no

Ora uma História da Arte a-histórica, ou, o que é erro equivalente no plano sincrónico (tanto quanto dele se pode falar em História), uma História da Arte a-social, tal como uma História de Arte que, contrariamente, prescindisse da consideração estética (ou da ideia da especificidade do seu *quid*, trocando-a por uma mera perspectiva antropológica ou comunicacional), afiguram-se-nos como profundamente redutoras e incapazes de surpreender a *differentia specifica* do objecto em análise.

Pelo contrário, e contra Woelfflin – mas sem entrar em reducionismos que, no limite, fazem a economia do próprio *quid*, para o tornar num pretexto de uma meta-história, normalmente política, sem atender à (pelo menos) autonomia relativa da super-estrutura cultural[18] –, procuraremos nas páginas seguintes empreender um pequeno trabalho de História da Arte ecléctica.

Assim, e porque *est modus in rebus*, localizamo-nos epistemologicamente *neste estudo* (e o sublinhado é significativo) principalmente no domínio da Iconologia, entendida esta num plano abrangente[19], como parte de uma História da Arte solidária da História das Ideias e da História da Cultura.

---

célebre historiador de arte (e do Renascimento) que foi Jacob Burckhadt, a quem significativamente cita no final da sua obra de maturidade: *"Lato sensu*, a relação da arte e da cultura geral não é apreensível a não ser na facilidade e na incoerência; a arte tem a sua vida própria e a sua própria história." Cf. HEINRICH WOELFFLIN, *Principes Fondamentaux de l'Histoire de l 'Art. Le problème de l'évolution du style dans l'Art Moderne*, trad. fr. de Claire e Marcel Raymond, Paris, Gérard Monfort, 1992, p. 279. O problema não é restrito às artes plásticas, evidentemente. Discutindo o problema, entre nós, sobretudo no domínio da Literatura, *v.g.*, JOSÉ ENES, *A Autonomia da Arte*, Lx., União Gráfica, s.d..

[18] O que é uma ideia até ortodoxamente marxista, sublinhada numa célebre carta de FRIEDRICH ENGELS a J. BLOCH: Carta de em 21/22 de Setembro de 1890; resumo em inglês *in* http://marxists.org/archive/marx/letters/engels/90_09_21-ab.htm

[19] Aderimos, assim, à terminologia e perspectiva epistemológica de ERWIN PANOFSKY, *Meaning in the Visual Arts*, Nova Iorque, Doubleday, 1955, trad. port. de Diogo Falcão, *O Significado nas Artes Visuais*, Lx., Presença, 1989, máx. p. 34 ss.. Sobre a história do termo e alguns conceitos afins, GERMAIN BAZIN, *Histoire de l'Histoire de l'Art*, Paris, Albin Michel, 1986, trad. bras. de Antonio de Padua Danesi, *História da História da Arte*, p. 177ss., máx. p. 184 ss..

Não concordando embora com a concepção de Fernández Arenas, que considera a Iconologia, neste amplo sentido, mais como ciência humanística[20] que como ciência da História da Arte (pois para nós é ambas as coisas, embora em diferentes níveis ou sob diversos olhares), cremos valer a pena citá-lo, na enunciação do programa multidisciplinar deste vector de estudos, ao qual, com a objecção referida, primacialmente no presente trabalho aderimos::

> "La iconología realiza una valoración histórica de la obra de arte, no sólo como hecho estético, sino como hecho histórico. Para ello el iconólogo ha de entrar en contacto con los documentos religiosos, filosóficos, poéticos y socioeconómicos de la época. (...) Es normal, por tanto, su punto de contacto con otras metodologías, como la sociológica, la psicológica o la antropológica"[21].

Esta interdisciplinaridade convinha, segundo cremos, ao nosso tema. E o mesmo tema reclamava, por outro lado, um tratamento iconológico, precisamente pelo facto de os alvores maneiristas que talvez já circundem estes tempos serem, tal como os barrocos, particularmente dados à imagética e precisamente ao jogo de espelhos e de máscaras da alegoria ética e de filosofia moral[22]. Toda esta parafernália interpretativa da Iconologia, entendida num sentido lato, pode aproximar o estilo de algum tipo de preocupações semióticas. Aliás, a solidariedade entre todas estas disciplinas é cada vez maior, e cada vez mais menos interessa a sua etiqueta epistemológica. Semiótica? Porque não?!...

Caminhamos nas páginas seguintes do geral para o particular: depois de uma breve incursão de prosopografia, em que traçamos

---

[20] Sobre esta classificação também ERWIN PANOFSKY, *O Significado nas Artes Visuais*, p. 15 ss..

[21] JOSÉ FERNÁNDEZ ARENAS, *Teoría y Metodología de la Historia del Arte*, p. 111.

[22] Nesse sentido, OTTO PAECHT, *Methodisches zur kunsthistorischen Praxis*, Munique, Prestel, 1986 (3.ª ed. 1995), trad. Ingl. David Britt, *The Practice of Art History. Reflections on Method,* Londres, Harvey Miller, 1999, p. 74.

um breve esboço do esquivo perfil do artista, dirigimo-nos para a sua obra. E aí avultará o desvendamento concreto de uma sala, nessa sala de um recanto, constituído por duas paredes; depois, uma só parede, e nessa parede principalmente um tímpano. Vai, assim, interessar-nos sobretudo o tímpano da parede da Justiça e do Direito da *Stanza della Segnatura*, no Vaticano, representando as Virtudes.

A parede da Justiça e do Direito, coroada pelo Tímpano das Virtudes

Esse fresco, para além da sua beleza e serenidade intemporais, permite-nos esclarecer não só algumas das principais ideias éticas da época e de Rafael, como, contextualizado na parede e na sala, e na sua inserção histórica, nos permite dialogar com várias outras visões, as quais inclusivamente se revestem de sugestiva utilidade para o debate hodierno sobre o Direito e a Justiça. Nesse momento, o trabalho deixará a História da Arte e a História da Cultura para se espraiar por instantes pela Filosofia do Direito[23].

Mas, como demonstra precisamente esta *Stanza*, mal do saber que seja estanque...

---

[23] E decerto também por uma Filosofia Social para juristas. Cf. uma possivel visão de tal disciplina *in* JORGE ADAME GODDARD, *Filosofía Social para Juristas*, México *et al.*, Universidad Nacional Autónoma de México/ Mc Graw Hill, 1998. E o nosso *Faces da Justiça*, p. 15 ss..

II. *Reflexões Periodológicas*

Sendo Rafael considerado um dos expoentes máximos do Renascimento, e o seu maior pintor (ainda que alguma ambiguidade aí haja entre a sua *renascença* e o seu *maneirismo*), parece-nos que se nos imporiam algumas reflexões preliminares, muito breves, sobretudo caracterizadoras de um movimento cultural com referência (mais superficial ainda) a algumas questões periodológicas.

O Renascimento partilha com, por exemplo, o dadaísmo, o ter sido um movimento que a si próprio se baptizou (embora este último o haja feito arbitrariamente, ou, mais propriamente, aleatoriamente). Poucas escolas ou épocas usufruiriam desse privilégio. Como se sabe, muitas das designações para as idades e correntes são não só a elas ulteriores, como até pejorativas. Gótico e Barroco são dois exemplos desse duplo olhar, segundo e distanciado. Ora, na escolha de uma auto-denominação, vai coenvolvida uma dimensão de voluntarismo e de auto-consciência. Esse facto marca toda a diferença face a tempos como a Idade Média, que obviamente não se via nem como interregno, nem como época de trevas[24], nem sequer como autónoma categoria periodológica da História.

Ambos os processos de surgimento das denominações dos períodos ou escolas comportam características próprias, que de algum modo coincidem no desvio face ao que poderia considerar--se *cum grano salis* como a objectividade (ideal) relativamente aos

---

[24] Desfazendo esses mitos tão arreigados entre nós e tão veiculadosa ainda pela escola e pelos *media*, *v.g.*, RÉGINE PERNOUD, *Luz sobre a Idade Média*, trad. port., Lisboa, Europa-América, 1984; Idem, *O Mito da Idade Média*, trad. port., Lisboa, Europa-América, 1978.

mesmos. Assim, se o aspecto de distanciamento e de superação (a Idade Média é o tempo do meio, entre a Antiguidade e a Renascença, ou os Tempos Modernos) e até anacronismo (pois o Gótico não é estilo dos Godos), além de acantonamento algo pejorativo (o Barroco como algo verrumante, irregular, ou até bizarro ou grotesco[25]), é mais evidenciado pelas qualificações exógenas e heterónomas, contribuindo assim para a incompreeensão resultante da não adesão do sujeito cognoscente, já as auto-qualificações tendem sobretudo a designar vanguardas, e, por consequência, a assumir uma afirmação sobretudo contestatária de uma tese de que se pretendem antítese, tese que é o movimento, escola e/ou período imediatamente anterior (es). Tal procedimento concorre (ou evidencia) também um enviesamento de perspectiva.

A expressão *rinascita* e equivalentes encontra-se já em vários humanistas, e nessa figura fundante da História da Arte biográfica (a sua primeira modalidade) que foi Giorgio Vasari. Tratava-se, seguindo as suas próprias palavras, de ultrapassar o bárbaro gótico e recuperar o clássico (o elemento de que se pretende ser a antítese é sempre mitificado como "o inimigo", assim como recuperada, como tópico legitimador, uma real ou mitificada idade do oiro, neste caso a Antiguidade, segundo um procedimento bem explicitado por Raoul Girardet[26]). Mas, em grande medida, o que se visa é fazer algo de efectivamente novo, embora invocando uma ancestralidade nobilitante e justificadora, à sombra da qual a minoria e nem sempre minoria protegida dos intelectuais, feitos humanistas, podia acolher-se.

A recorrência das autognoses dos intelectuais e artistas deste período facilitaria, a nosso ver, a tendência historiográfica que, de algum modo, e bem vistas as coisas, sempre privilegia a ruptura em detrimento da continuidade (até como forma de justificação e sobrevivência do ofício, obviamente supérfluo em "sociedades frias" *à la*

---

[25] Cf., por todos, ANNE-LAURE ANGOULVENT, *L'Esprit baroque*, 2.ª ed., Paris, P.U.F., 1996 (1.ª, 1994), ed. port. com um capítulo «A Cultura Barroca em Portugal», de António Horta Fernandes, trad. de Maria Luzia Machado, *O Barroco*, Mem Martins, Europa-América, 1996, máx. p. 8.

[26] RAOUL GIRARDET, *Mythes et Mythologies Politiques*, Paris, Seuil, 1986.

Lévi Strauss). Confluem, portanto, para autonomizar este período (que é simultaneamente uma tendência e conjunto confluente de escolas) dois vectores essenciais: por um lado, a vontade e a representação de assumir uma ipseidade, e, por outro, elementos factuais irrecusáveis que constituem um *corpus* justificativo. Porém, é interessante (e "interessante" é *a expressão* dos historiadores, como nos parece ensinar um Paul Veyne[27]) assinalar, a título de exemplo, algumas das razões invocadas por um Janson para a autonomização da pintura flamenga do período propriamente medieval, ainda que se lhe chame, por exemplo, algo de "tardio" e o espectro do "gótico" continue a pairar ainda sobre a sua qualificação[28]: um dos argumentos é a sua irradiação internacional (mas que maior irradiação haveria que a do anterior "estilo internacional"[29]?). Parece muito inconsistente como *differentia specifica*, evidenciando, a nosso ver, uma anterior e não explicitada vontade, que a explicação apenas reitera.

Há, isso sim, uma vontade de enfatizar a diferença do novo *quid*, partindo de elementos que do quantitativo se pretendem transmutar em qualitativo.

Vários autores demonstraram que a Idade Média não fora um período de trevas (a obra de divulgação de Régine Pernoud, já referida em nota, é aí essencial), e que a Antiguidade (e mesmo alguns aspectos que viriam a evidenciar-se no Humanismo) já se encontravam presentes nessa época. A obra de Curtius sobre a transmissão

---

[27] E «'é interessante porque é complicado'», além do mais. Cf. PAUL VEYNE, *Comment on écrit l'histoire*, Paris, Seuil, 1971, trad. port., *Como se escreve a História*, Lisboa, Edições 70, 1987, p. 261.

[28] H. W. JANSON, *History of Art*, 2.ª ed., Nova Iorque, Harry N. Abrams, 1977, trad. port. de J. A. Ferreira de Almeida, com a colaboração de Maria Manuela Rocheta Santos, *História da Arte. Panorama das Artes Plásticas e da Arquitectura da Pré-História à Actualidade*, Lx., Fundação Calouste Gulbenkian, 1984, máx. p. 354.

[29] Discutindo esta denominação, cf., por todos, ANNA EORSI, *Az internacionális gótika festészete*, Budapeste, Corvina Kiadó, 1984, trad. cast. de Krisztina Zilahi, *La Pintura Gótica Internacional*, Budapeste/Havana, Corcina/Editorial Arte y Literatura, 1987, p. 5 ss..

literária do legado clássico[30] torna-se muito relevante, descobrindo aspectos insuspeitados da perenidade do clássico: sem a qual, aliás, não seriam possíveis quaisquer tempos modernos – pelo que devemos louvar todos os Boécios e todos os Cassiodoros que souberam, de uma maneira ou de outra, preservar o legado. E se é verdade que um vazio de mais de meio milénio parece abater-se sobre a filosofia e as "humanidades" europeias, depois de Boécio e de Cassiodoro, a verdade é que a chama da sabedoria, mesmo se recolhida e trémula, nunca deixou de arder. A obra sobre os intelectuais na Idade Média de Jacques Le Goff disso nos dá testemunho[31]. Aliás, sem a Idade Média, e sobretudo sem a universidade medieval e a disciplina criadora e rigorosa da *quæstio* e das *quæstiones disputatæ* (pese embora a sua decadência escolástica tardia), não haveria humanismo: nem literário, nem filosófico, nem histórico.

Os chineses costumam amaldiçoar os seus inimigos desejando-lhes que vivam numa época interessante. Ora é precisamente isso que vai mudar qualitativamente os tempos e afirmar o Renascimento como movimento cultural na sua especificidade. O Renascimento torna as coisas interessantes, e encontra-se numa época interessante[32]. Isto significa que, tal como foi sublinhado para a Grécia

---

[30] E. R. Curtius, *La Littérature Européenne et le Moyen-Âge Latin*, trad. fr. de Jean Bréjoux, Prefácio de Alain Michel, Paris, P.U.F., 1956.

[31] Jacques le Goff, *Os Intelectuais na Idade Média*, trad. port., Lisboa, Estudios Cor, 1973

[32] Uma síntese caracterizadora como esta ilustrará bem o que pretendemos dizer: "Atravessado por mil e uma redes de continuidade e de mudança, o universo espiritual renascentista é sobretudo uma expressão da transitoriedade 'revolucionária', a um tempo polémica e conciliante que se manifesta nos fios da linguagem através da evocação de quadros referenciais que desestruturam, decisivamente, o equilíbrio tradicional do discurso sobre o mundo e abre as vias a uma nova ordem do ser e do saber". Cf. Paulo Mendes Pinto/Célia do Carmo José, *Bíblicos, Antigos e Contemporâneos na formulação do conhecimento Renascentista: a biblioteca virtual de Frei Gaspar de S. Bernardino*, Lx., Centro de Estudos de Teologia/Ciência das Religiões, ULHT, 2000, pp. 5-6; mais resumidamente: Célia do Carmo José/Paulo Mendes Pinto, *A Biblioteca Virtual de Frei Gaspar de S. Bernardino. Leituras e Autoridades*, in "Clio", Lx., Nova Série, vol. 4, 1999, p. 91 ss..

antiga (na qual alguns estetas pretenderiam ver um exemplo cristalizado de beleza, placidez e suspensão temporal), não nos encontramos perante um tempo essencialmente apolíneo e muito menos ataráxico. É, ao invés, o dionisíaco que domina: crise económica, peste, guerras. Mas, nesses tempos terríveis, de caos, de paradoxo, de oposição, o Renascimento surge, afinal, com um duplo sentido no imaginário e na sociedade: como ideologia, e como utopia, nos termos de Karl Manheim[33].

Como ideologia, manifesta-se pontualmente, como forma de afirmação e legitimação do poder: por exemplo, enquanto aparelho ideológico (no sentido althusseriamo). Serve, por exemplo, como forma de Florença resistir a Milão, *continuando a guerra por outros meios*, ou como meio de o Papa engrandecer o seu poderio temporal emergindo da complexa teia italiana de conflitos e intrigas, mas também não se engrandece tanto que sobressaia demais (como com os Médicis, que se coíbem de certas encomendas mais sumptuárias: tal viria a ser explicado como uma espécie de pudor das Repúblicas, aquando da análise da democracia na América, por Tocqueville[34]).

Mas talvez seja enquanto utopia que o Renascimento tem mais interesse. Ele corresponde a uma enorme luta do ideal contra o real (e daí o seu tão falado (neo-)platonismo filosófico). Todas as características normalmente evidenciadas como suas são não impossíveis (porque a utopia não é o quimérico, apenas o que não tem lugar, *ou/topos*), mas sublevam-se contra a situação social envolvente... em nome da natureza humana, do saber, etc. Talvez apenas o individualismo (etologicamente comprovado: mas depende de que individualismo se fale) seja compatível com esse "mundo lá fora". Por um lado, é o ideal do saber: Pico della Mirandola ficará célebre não tanto pelo seu discurso sobre a natureza humana, mas por uma tirada pretensiosa: *saber tudo o que se pode saber, e ainda*

---

[33] KARL MANHEIM, *Ideologie und Utopie*, Bonn, 1930, trad. br., *Ideologia e Utopia*, 4.ª ed., Rio de Janeiro, Editora Guanabara, 1986.

[34] ALEXIS DE TOCQUEVILLE, *De la Démocratie en Amérique*, Paris, Garnier-Flammarion, 1981, 2 vols.

outras coisas... Talvez por isso também fosse temido pelas suas cartas... Depois, é o saber de coisas velhas e aparentemente inúteis: Erasmo fica quase um ano em Itália, sobretudo por causa do Grego... Como são importantes as coisas inúteis!... E depois, todo um programa que está longe de se encontrar concretizado: cosmopolitismo, pacifismo, por exemplo. E a investigação e aceitação de uma natureza humana. Tudo isto associado a uma compatibilização entre fé é razão (a *pietas* não é excluída) que se afasta, evidentemente, da sua consubstanciação anterior, designadamente tomista...

Mas este Renascimento é paradoxal em si mesmo, como podemos verificar pela simultânea presença do surto de astrologia e alquimia (tão bem expressa n' *A Obra ao Negro*, de Yourcenar[35], e intelectualmente concebida na *coincidentia oppositorum* de Nicolau de Cusa) e do espírito racional, matemático, e de investigação da natureza, que se revela até (até?) nas artes... (o que contribuíra em muito para que de *mecânicas* se elevem na geral consideração a *liberais*).

Retomando Chesterton, o Renascimento é a época dos homens que estudam engenharia e hidráulica quando Roma arde, mas que já lhe projectam novos edifícios, novas avenidas. É o espaço ideal da dita "Escola de Atenas", que caleidoscopicamente se mira e remira no Parnaso e na Disputa do Sacramento na *Stanza della Segantura*, onde o tempo pára, e o espaço é ocupado pelo Belo, o Bom e o Justo.

Por isso, ao nível artístico, vamos ter realizações cosmogónicas essenciais, como a dita *Stanza*, ou a obra escatológica de Dante, ou o *Decameron* de Boccaccio. Cada um à sua maneira nos afastam do mundo medieval, sem dúvida declinanante (veja-se o comércio, o tráfico, a finança, o progresso técnico, o novo Príncipe "absoluto"), mas ainda presente na época interessante em que podemos encontrar o oásis ou subcultura do Renascimento. E todavia o Inferno de Dante é ainda medieval... Não há perfeição nas generalizações,

---

[35] Margerite Yourcenar, *L'Œuvre au Noir*, Paris, Gallimard, 1968, trad. port., *A Obra ao Negro,* 2.ª ed., Lx., D. Quixote, 1981. Sobre estas antinomias, cf. *infra.*

Contextos 33

e sobretudo nas generalizações periodológicas... Até porque os períodos oscilam entre Clássico e Barroco, como lembra Eugénio D'Ors[36]. E se temos tendência a dizer que o Renascimento é clássico, aí podemos ver muito de Barroco: e não só no Maneirismo...

Alguém disse que se Rafael tivesse morrido antes de passar por Florença teria sido um simples e encantador pintor menor. Como se qualificaria periodologicamente então? Como viveu mais, e teve tempo de fazer escola, fica na ambiguidade de ser tido simultaneamente como o maior dos Renascentistas e o pai dos Maneiristas. Mas Maneirismo e Renascimento opor-se-ão assim tanto?

Na verdade, procede-se hoje a uma revisão do sentido e do valor do Maneirismo. Designadamente enquanto arte mais dependente da ideia do artista que do objecto que olha, o Maneirismo, nessa subjectividade, torna-se mais próximo (e por isso mais inteligível e mais apreciável) da contemporaneidade. Do mesmo modo, também se questiona se o Renascimento *tout court* seria assim tão clássico, e tão próximo da realidade natural, ou se não conteria em si, pelo menos em alguns casos, uma certa dose de *inventio* maneirista *avant-la-lettre*.[37] O Maneirismo passa então a poder ser considerado ambivalentemente: se por um lado se pode identificar com a cópia da maniera dos grandes pelos simples epígonos, por outro lado também poderá ver-se (e o caso de Rafael é paradigmático, sobretudo o "último" Rafael) como o zénite do Renascimento. Para isso, evidentemente, tem de arreadar-se a ideia de profunda e essencial identificação entre Renascimento e Classicismo.

Mas talvez que a verdade esteja entre os dois extremos, e o Renascimento seja mesmo um já não Classicismo e um ainda não Maneirismo... O que não invalida a existência de autores pouco

---

[36] EUGÉNIO D'ORS, *O Barroco*, trad. port. de Luis Alves da Costa, Lx., Vega, 1990.

[37] Cf. uma certeira síntese destes problemas *in* GIULIO CARLO ARGAN, *Storia dell'arte italiana*, 2.ª ed., Florença, Sansoni, 1999, trad. cast. de J. A. Calatrava Escobar, *Renacimiento y Barroco*. II. *De Miguel Ángel a Tiépolo*, Madrid, Akal, 1999, p. 6 ss..

classificáveis estilisticamente embora cronologicamente integrados, híbridos, de transição, ou com várias fases na sua obra.

O classicismo de Rafael não está na *imitatio naturæ*, só pode estar numa contemplação de essências, num roubar imagens do céu das Ideias. Embora, evidentemente, essa empresa aparentemente prometeica se haja enquadrado numa apologética cultural e religiosa por assim dizer conservadora[38].

---

[38] Cf., *v.g.*, *Ibidem*, p. 7 ss..

III. *Em Demanda de Rafael (1483-1520)*

Há pelo menos uma meia-dúzia de dados biográficos de que nenhum estudo centrado sobre a obra de um autor, por pequeno ou pessoal, pode prescindir. A eles se deve o ritualístico tributo da precedência. Depois, virão as interpretações menos factuais. A defesa da componente pessoal na história de qualquer arte (e quiçá de qualquer *episteme*) foi traçada com rasgos vigorosos já por Papini, precisamente justificando a sua biografia de Miguel Ângelo. Até porque essa componente pessoal dos estudos não é restrita e esotérica análise da psicologia das profundezas, mas a reconstituição do Homem no seu meio, no seu Mundo, na sociedade. Diz Papini::

> "Dir-se-á que a nós, pósteros, interessa a arte, que não o artífice; e não valeria a pena ocuparmo-nos de um tal italiano nascido no dia 6 de Março de 1475, se este não tivesse esculpido o Moisés e pintado a Capela Sistina. É certo; mas, por outro lado, uma das mais ridículas e perniciosas aberrações da crítica italiana actual consiste em julgar que se possa, e, mesmo se deva, escalpelizar e dissecar indefinidamente as obras ilustres, sem ter em conta os autores delas, com as existências próprias, o tempo, o lugar e o círculo dentro do qual cada um nutriu as suas crenças, pensou e operou."

E logo o polemista Papini passa ao ataque mais agudo::

> "Tive ensejo de compulsar monografias sobre pintores e escritores, destiladas das narinas profundíssimas destes críticos

pneumáticos, onde não é possível achar sequer a data de nascimento do artista, do qual, ao longo de centenas de páginas, fastidiosamente se discorre e caprichosamente se fantasia.[39]"

Papini vai depois glosar o mote ainda noutras claves, começando com um símile botânico (como estudar a maçã sem ver a árvore?), passando a ideia de geração e causa, etc.

Não vamos, porém, muito longe disso, elaborar uma biografia, e muito menos uma biografia social ou contextual de Rafael. Apenas um esboço: e aí o estilo tem de ser enciclopédico, e o método compilatório: mas ambos imprescindíveis. E passado o introito, vamos aos factos.

Rafael Sanzio nasceu em Urbino, a 28 de Março, 6, 7, 8 ou 17 de Abril de 1483, uma sexta-feira santa, às 3 horas da manhã, segundo nos diz, com precisão quase hagiográfica, o seu primeiro biógrafo, Vasari. Filho único de um pintor local, também poeta, de nome Giovanni Santi (1435-1494) – pouco se sabe de sua mãe, Magia Ciarla –, o qual, embora competente, aspirava a mais para o seu filho, desde que nele foi apreendendo excepcionais dotes de artista.

Assim, depois de haver ajudado o pai, ao que parece em trabalhos de pouca monta, em algumas obras em Urbino, foi ainda muito novo colocado como aprendiz na oficina de Perugino (1445/50- -1523), que fora discípulo de Verrochio (1435-1488). Aliás, Rafael ficaria órfão de pai aos onze anos. Na oficina do pintor de Perugia, de tal modo assimilaria a técnica do mestre que a custo distinguiríamos, a partir de certa altura, os trabalhos de um e do outro. Não fora o estar assinada por Rafael, a crucifixão do altar da Capela de S. Domenico na Città di Castello, por exemplo, teria sido certamente atribuída ao seu mestre. Esta é uma obra elaborada entre 1502-1503.

Do período perugiano é de assinalar, de entre todas, a sua *Coroação da Virgem*, com alguma influência de Pinturicchio (1454- -1513), e uma estrutura em dois níveis que lembra um tanto a que será utilizada, em todo o seu apogeu, mas em três estratos, no fresco

---

[39] GIOVANNI PAPINI, *Vita di Michelangelo nella Vita del suo Tempo*, trad. port. de Fernando Amado, *Vida de Miguel-Ângelo na vida do seu tempo*, Lx., Livros do Brasil, s.d., p. 6.

dito da "Disputa do Sacramento" na principal parede da *Stanza della Segnatura*, como veremos.

Coroa este período de formação *O Casamento da Virgem*, o qual, comparado com *A Entrega das Chaves*, do seu mestre, de que revela evidentes citações, evidencia bem toda uma outra visão do espaço e uma vivacidade muito diversa no tratamento das figuras humanas[40].

Tendo recebido também influências de Mantegna (1430/31- -1506), Paolo Ucello (1397-1475) e Piero della Francesca (?-1492), Rafael, que, ganhando asas face ao seu mestre, procurará consolidar um estilo próprio, viaja pelo centro de Itália, estuda, e aperfeiçoa-se.

Vai conhecer no seu período florentino (1504-1508) dois génios excepcionais, cuja arte procurará também assimilar: Leonardo da Vinci (1452-1519) e Miguel Ângelo (1475-1564). No contacto com as obras de ambos (e ainda com a de Fra Bartolomeo, 1472-1517), e obviamente também sob a pressão das encomendas (não da alta aristocracia, mas de banqueiros e burgueses abastados[41], o que talvez haja contribuído para lhe dar alguma latitude criativa face a modelos mais enraizados), vai trabalhando com virtuosismo em dois vectores essenciais da sua obra, que não devem ser minimizados: o tema da Madona, e o retrato.

Mais ainda do que o *chiaroscuro* de Leonardo, aplica o *sfumato*, técnica que perfeitamente domina, superando o seu enciclopédico precursor[42].

Em qualquer das linhas em que agora se desenvolve a sua obra sobressai um longo trabalho de análise e um lento processo de maturação, que o faz ir assimilando tudo aquilo por que vai passando, já distante dos verdes anos da oficina de seu pai, ou até da do seu patrono, ainda muito convencional. Como afirma Gombrich, "na realidade, a sua aparente simplicidade nasce de uma

---

[40] Desenvolvendo as diferenças, GIULIO CARLO ARGAN, *Renacimiento y Barroco*. II. *De Miguel Ángel a Tiépolo*, p. 25 ss..

[41] MONICA GIRARDI, *Rafaello. La Ricerca della Perfezione e la Tenerezza della Natura*, Milão, Leonardo Arte, 1999, p. 36.

[42] http://www.britannica.com/bcom/eb/article/8/0,5716,64298+2,00.html

profunda meditação, dum cálculo minucioso e de um sentido artístico infalível"[43].

Este período florentino vai contribuir decisivamente para a maturação de um ideal de beleza, que fará mais tarde Rafael replicar a um cortesão que o inquiria sobre quem seriam os modelos das suas composições: é "uma certa ideia"[44], dirá. Mais explícito, mas a nosso ver injusto, foi o pintor numa carta ao seu amigo Baltazar Castiglione:

> "já que as belezas são tão raras entre as mulheres, eu sirvo-me de uma certa ideia na minha imaginação"[45].

Cínica observação para quem tinha fama de incansável amador[46], e deixará legenda de ter morrido, não de amores, mas de excessos de amor.

Esta idealização platónica não é só do pintor, mas tem ao longo dos séculos cativado tanto o público simples como boa parte dos refinados críticos. Sobre a Madona do Grão Duque, que tem passado de geração em geração como um dos mais celebrados ícones ocidentais (passe a *contraditio in terminis*) da Virgem e o Menino, afirma também Gombrich, que está muito longe de ser *naif*: " Parece que não poderia ser diferente e que existe tal e qual desde a origem do tempo"[47].

---

[43] E. H. GOMBRICH, *The Story of Art*, 9.ª ed., Londres, Phaidon, 1995, trad. fr. de J. Combe e C. Lauriol, *Histoire de L'Art*, nova ed. revista e aumentada, Paris, Gallimard, 1997, p. 316.

[44] E. H. GOMBRICH, *Histoire de L'Art*, p. 320.

[45] *Apud* WINCKELMANN, *Gedanken ueber die Nachahmung der griechischen Werke in der Malarei und Bildhauserkunst* (1754), nova reed. (2.ª), Estugarda, ed. de Ludwig Uhlig, Reclam Verlag, 1977, trad. cast. de Vicente Jarque, *Reflexiones sobre la Imitación del Arte Griego en la Pintura y la Escultura*, 2.ª ed., Barcelona, Península, 1987.

[46] Cf., por todos, RUDOLF e MARGOT WITTKOWER, *Born under Saturn. The Character and Conduct of artists: A Documented History from Antiquity to the French Revolution*, Londres, Weidenfeld, 1963, trad. cast. de Deborah Dietrick, *Nacidos bajo el Signo de Saturno. Genio y Temperamento de los Artistas desde la Antiguedad hasta la Revolución Francesa*, 5.ª ed. esp., Madrid, Catedra, 1995, p. 150 ss..

[47] *Idem, Ibidem*.

Outra obra que reflecte extraordinariamente esse estudo, numa aparente naturalidade e facilidade, é *A Bela Jardineira*[48], em que Rafael claramente absorve e ultrapassa a simples influência de Leornardo.

Em 1508, aos 25 anos, parte para Roma, com o mestre, para decorar os novos aposentos do Papa. O convite ter-se-á devido aos ecos da sua fama veiculados sabiamente por Bramante, que era seu compatriota, e seu parente[49]. A *Stanza della Segnatura*, cujas pinturas fará inteligentemente divulgar também através de gravuras (as de Mercantionio Raimondi virão a ser decisivas na sua fama), granjear-lhe-á definitiva consagração. A sua oficina tornou-se conhecida internacionalmente[50], e até Duerer viria a interessar-se pelo artista italiano. Trocariam trabalhos.

Depois da *Stanza della Segnatura*, seguir-se-iam novas *Stanze* (de *Eliodoro,* de *Constantino,* do *Incêndio de Borgo*), embora não atingindo os cumes artísticos desta, e progressivamente confiadas na execução à sua escola.

Obviamente que a docilidade (ou tortuosidade hipócrita, poder-se-á pensar) do seu carácter, ao contrário do de Miguel Ângelo (com o qual, porém, terá significativa questão[51]), ter-lhe-á aberto muitas portas. A tal ponto conquistou a corte papal, que nesses meandros sinuosos do Vaticano renascentista esteve quase para obter o chapéu cardinalício.

---

[48] RAFAEL, *La Bella giardiniera*, 1507, Paris, Museu do Louvre.

[49] Há quem diga que era tio de Rafael. Cf. FLÓRIDO DE VASCONCELOS, *Rafael Santi ou Sanzio*, in «Verbo. Enciclopédia Luso-Brasileira de Cultura", vol. XV, Lx./S. Paulo, Verbo, s.d., col. 1718. Já GIORGIO VASARI, *Les vies des meilleurs peintres, sculpteurs et architectes,* p. 200, diz ser seu parente afastado.

[50] Cf., *v.g.*, STEPHANIE BUCK/PETER HOHENSTATT, *Raffaelo Santi, llamado Rafael. 1483-1520,* p. 94.

[51] Miguel Ângelo queixa-se a um cardeal, em 1542 (vinte e dois anos depois da morte de Rafael) das intrigas deste e de Bramante junto de Júlio II, e invoca que "tudo o que em sua obra há de arte deve-o a mim". Até depois de morto Rafael prejudica as aspirações de Miguel Ângelo, que é preterido na decoração da Sala de Constantino pela oficina de Rafael, que executará o trabalho a partir de desenhos deixados pelo mestre. Cf. STEPHANIE BUCK/PETER HOHENSTATT, *Raffaelo Santi, llamado Rafael. 1483-1520,* p. 62.

No período romano, além de ter desenvolvido magnificamente a pintura de cavalete, em que sobressaem obras como o retrato de Júlio II[52] (além de vários outros retratos de personagens da corte papal e o do seu amigo Castiglione), *La Velata*[53], *La Fornarina*[54] ou a *Madonna dela Rosa*[55], o mais significativo é a decoração de *stanze* e *logge*.

Receberá também duas encomendas destinadas ao rei de França: *A Sagrada Família*[56] e *S. Miguel*[57].

Uma significativa encomenda privada é o fresco, provavelmente pintado em 1511, para a *villa* Farnesina de Agostinho Chigi: é uma representação de Galateia, em que movimento e equilíbrio de forças revelam novamente muita reflexão desaguando num leve e gracioso resultado, cheio de vida. Lembra o *Nascimento de Vénus* de Botticelli (1445-1510), mas é muito menos convencional.

Acresce ainda o trabalho enorme de desenho com variadíssimas técnicas, de que nos ficaram, felizmente, abundantes exemplos, os cartões das tapeçarias sobre os Actos dos Apóstolos (encomendadas em 1515), assim como o lugar de arquitecto papal, em que sucede a Bramante, em 1514, com o encargo imediato de levar a cabo a reconstrução de S. Pedro. Dessa faceta nos ficaram ainda, por exemplo, a Igreja de Santo Egídio, a Capela Chigii na Igreja de Santa Maria del Popolo, a *Vila Madama*, e os palácios Branconi e Pandolfini, respectivamente em Roma e Florença. Rafael ocupou ainda o cargo de prefeito das antiguidades romanas, desde 27 de Agosto de 1515, tendo-se dado com afinco ao levantamento arqueológico romano. Desta experiência, e em colaboração ou com a ajuda de

---

[52] RAFAEL, *Ritrato di Giulio* II, 1511-1512, Londres, National Gallery.

[53] RAFAEL, *Rittrato di dona*, 1513, Florença, Palazzo Pitti.

[54] RAFAEL, *La Fornarina*, 1520, Roma, Galleria Nazionale. Diz-se agora, algo surpreendentemente, que teria sido pintado por um dos seus discípulos. Cf. http://sunsite.auc.dk/cgfa/raphael/

[55] RAFAEL, *Madonna della Rosa*, 1520, Madrid, Museu do Prado.

[56] RAFAEL, *Sacra Famiglia di Francesco I*, 1517-1518, Paris, Museu do Louvre.

[57] RAFAEL, *San Michelle debella Satana*, 1518, Paris, Museu do Louvre.

Castiglione[58], proviria a *Carta sobre as Antiguidades de Roma*. O contacto com as antiguidades romanas levou-o a um trabalho de sistemático desenho desses modelos, e chegou mesmo a enviar jovens à Grécia com a incumbência de para si desenharem os salvados da Hélade clássica[59].

Virá a falecer aos 37 anos, no dia do seu aniversário, ou, pelo menos, numa outra sexta-feira santa (decerto a 17 de Abril de 1520), plausivelmente de febre aguda, motivada ou não por desregramentos. Segundo Vasari tê-los-ia ocultado aos médicos, tendo sido por isso sangrado na pressuposição de se encontrar com uma congestão, quando tal terapia seria contra-indicada ao seu verdadeiro mal[60].

O epitáfio, saído da pena do poderoso Cardeal Bembo, recorda-nos que Roma e o Vaticano choraram nesse dia de luto. O texto é longo[61], mas Gombrich dá-nos dele o essencial:

"Aqui jaz Rafael, que fez temer à Natureza por si fosse dominada, em sua vida, e, uma vez morto, que morresse consigo.[62]"

Vasari sublinha, em eloquentes e até punjentes palavras[63],

---

[58] Cf., *v.g.*, GIOVANNI PAPINI, *Vida de Miguel-Ângelo na vida do seu tempo*, p. 174.

[59] Cf. WINCKELMANN, *Reflexiones sobre la Imitación del Arte Griego en la Pintura y la Escultura*, p. 18.

[60] GIORGIO VASARI, *Les vies des meilleurs peintres, sculpteurs et architectes*, p. 222.

[61] GIORGIO VASARI, *Les vies des meilleurs peintres, sculpteurs et architectes*, pp. 224-225.

[62] E. H. GOMBRICH, *Histoire de L'Art*, p. 323: «Ci-gît Raphael, qui durant sa vie fit craindre à la Nature d'être maîtrisée par lui et, lorsqu'il mourut, de mourir avec lui». Para este trecho, a tradução do livro de Vasari é diversa: "Notre puissante mère nature a craint d'être vaincue; /Quand il mourut, elle même a craint de mourir.» GIORGIO VASARI, *Les vies des meilleurs peintres, sculpteurs et architectes*, p. 224. Todavia, a questão do epitáfio é controvertida: cf. *Ibidem*, p. 242, n. 171.

[63] O estilo de Vasari é enfático e elogioso. Se lêssemos separadamente a vida de alguns artistas, ficaríamos quase persuadidos de que aquele em concreto, cada um, seria o melhor. Mas ao vermos que alguns altos superlativos se repetem, moderamos para todos o panegírico. Por exemplo, as palavras sobre Leonardo da Vinci são muito próximas das de Rafael: até na ideia de pessoa dotada de muitas

o carácter doce e delicado de Rafael, que se diria predestinado para uma fama tranquila, e uma existência plácida e deleitosa, contrariando o mito do artista atormentado. Assim, e explicitamente comparando-o a Miguel Ângelo, afirma, como que remetendo-o para o Panteão dos artistas como um pintor-quase-santo:

> "O céu dá por vezes uma prova da sua generosa benevolência acumulando numa única pessoa a infinita riqueza dos seus tesouros, o conjunto das suas graças e os dons mais raros, normalmente repartidos num longo espaço de tempo entre muitos indivíduos. Foi o que se tornou manifesto no caso de Rafael de Urbino, tão excepcional quão sedutor.
>
> A natureza dotou-o de uma modéstia e da qualidade de alma que encontramos por vezes nos seres cheios de uma humanidade delicada e espontânea, que enriquece particularmente uma afabilidade sorridente, sempre docemente agradável em todas as circunstâncias com todos. A natureza ofereceu-o ao mundo: já vencida pela arte com Miguel Ângelo, desejou sê-lo simultaneamente pela arte e pela graciosidade com Rafael."[64]

Os deuses chamam para si mais cedo aqueles que amam – velho adágio que contribui também para o mito de Rafael.

---

graças, até pessoais e físicas. Além do mais, e por curiosidade se diga, não sabemos até que ponto Vasari pensa em critérios astrológicos, quando, logo no início do seu texto, afirma: "As influências celestes podem fazer chover dons extraordinários sobre os seres humanos". Tal se integra perfeitamente numa das correntes importantes da época. Cf. GIORGIO VASARI, *Les vies des meilleurs peintres, sculpteurs et architectes*, ed. comentada dir. por André Chastel, 2.ª ed., Paris, Berger-Levrault, 1989, p. 31. Sobre a astrologia no Renascimento, *v.g.*, JEAN DELUMEAU, *A Civilização do Renascimento*, trad. Port., Lx., Estampa, 1983, II vol., p. 51 ss.; sobre feitiçaria, *Ibidem*, p. 123 ss.; ainda sobre astrologia e magia no Renascimento, EUGÉNIO GARIN, *Medioevo e Rinascimento*, Roma/Bari, Laterza, trad. port. de Isabel Teresa Santos/Hossein Eddighzadeh Shooja, *Idade Média e Renascimento*, Lx., Estampa, 1988, p. 131 ss.; JOÃO MARIA ANDRÉ, *Renascimento e Modernidade. Do Poder da Magia à Magia do Poder*, Coimbra, Minerva, 1987.

[64] GIORGIO VASARI, *Les vies des meilleurs peintres, sculpteurs et architectes*, p. 194.

Seja como for, a sua morte precoce mais contribuíu para a legenda.

Por outro lado, Rafael, por natureza ou por cálculo, procurou não hostilizar, antes cativar, os que lhe podiam ser figadais inimigos, desde logo os oficiais do seu ofício. Recordemos só a sua reverência para com os mestres e colegas mais velhos, patente no ter deixado intocados, quando poderia ter substituído, algumas composições de Perugino e outros, na decoração das *Stanze*, ou na representação de Leonardo, Bramante, do Sodoma e de outros, imortalizando-lhes os traços nas suas obras, designadamente na alegoria do Saber, a "Escola de Atenas". Porém, como se evidencia dos trabalhos preparatórios da Escola de Atenas, Miguel Ângelo estava ausente dos seus planos para a composição, e terá sido incluído sob pressão do Papa. Curiosamente, é uma figura que destoa do conjunto, não se compreendendo como poderia haver uma mesa de mármore a meio de uma escadaria. Admitimos que tenha existido alguma sublevação ou reserva mental nesta tardia inclusão do rival[65]. Mas outra teoria considera o aludido bloco estereométrico de pedra como a "pedra viva" e "pedra angular" em que assenta a Igreja. Esta teorização, que se deve a Matthias Winner[66], parece ter o dom de afastar das nossas preocupações a identificação da personagem e as vicissitudes da sua inclusão ulterior.

Todavia, Rafael cedeu, para não desagradar. Essa sua arte de não desagradar levá-lo-ia até a aceitar (contra a sua índole de aparentemente instável amante), em 1514, um casamento com a sobrinha do influente Cardeal Bernardo Dovizi, de Bibiena, de seu nome

---

[65] Agora que presumimos de conhecer o que se terá passado, e temos diante de nós quer a *Stanza della Segnatura*, quer a Capela Sistina, poderemos certamente ver na representação de Miguel Ângelo na primeira algum eco do Jeremias da segunda. Sobre este último afirma EVERARD M. UPJOHN *et al.*, *História Mundial da Arte*, III vol., p. 126: "(…) O carácter trágico de Jeremias era sem dúvida familiar ao artista; ele deu-lhe o seu desespero próprio perante a condição humana, e as suas próprias lamentações sobre o estado da Igreja."

[66] Cf. STEPHANIE BUCK/PETER HOHENSTATT, *Meister der italienischen Kunst – Raffael*, Colónia, Koenemann, 1998, trad. cast. de Pablo Alvara Ellacuría, *Raffaelo Santi, llamado Rafael. 1483-1520*, Barcelona, Koenemann, 2000, p. 56.

Maria. Mas a sua propensão diplomática foi adiando tanto a celebração do enlace que a noiva faleceu entretanto[67].

Esta arte do compromisso, própria da sua personalidade, virá a ser importante para a interpretação da sua obra, que à primeira vista parece querer agradar ao gosto comum, e especificamente pode contribuir para a compreensão da solução adoptada nas antinomias filosóficas e teológicas que, como veremos, se poderiam defrontar na sua obra-prima, a *Stanza della Segnatura*, e especialmente no fresco das virtudes.

Mas se Rafael conseguiu sempre ser fiel a si mesmo, e mesmo por entre diplomacias e influências traçar o caminho autónomo do seu génio, não conseguiu resistir à banalização do seu gosto e da sua "maniera". Discípulos sem chispa e epígonos sem talento, ajudados pela celebridade, "a pior das incompreensões" (J. L. Borges), fizeram-no involuntário chefe de escola do maneirismo[68], e santo do academismo. Entretanto, ao contemplarmos a sua *Transfiguração,* vemos que morreu em vias de explorar outros caminhos[69]. Os quais acabarão por cristalizar também *num certo gosto*, de afortunada posteridade ...

Com efeito, Rafael vai dever muito da sua fama ulterior à *Transfiguração*, e a múltiplas versões da *Madona*.

E todavia, a própria composição da *Transfiguração* é bastante engenhosa, para um Rafael que gostava da simplicidade estrutural. Continuando com a sua normal forma-base, o círculo (tão patente nas suas representações da Madona), como que coloca desta feita

---

[67] Rudolf e Margot Wittkower, *Nacidos bajo el Signo de Saturno. Genio y Temperamento de los Artistas desde la Antiguedad hasta la Revolución Francesa*, p. 150. Cf. uma versão algo diferente in Giorgio Vasari, *Les vies des meilleurs peintres, sculpteurs et architectes*, p. 222.

[68] *Rafaello:* http://italianculture.about.com/culture/italianculture/gi/dynamic/offsite.htm?site=http%3A%2F%2Fwww.grisnet.it%2Farte%2Fraffaello.htm

[69] Tal também a opinião de Jacob Burckhardt, em 1855. Cf. E. H. Gombrich, *New Light on Old Masters*, Oxford, Phaidon Press, trad. cast. de Remigio Gómez Díaz, *Nuevas Visiones de Viejos Maestros*, 1.ª ed., 1.ª reimp., Madrid, Alianza Editorial, 1994, p. 134.

Cristo num círculo superior. Este círculo invisível tem como centro o seu pé direito, o qual, por sua vez, atinge o limite de outro círculo, que não pode deixar de representar o mundo, e que tem como centro a mão aberta de uma personagem barbada[70].

Ogni dipintore dipinge sé: Esta máxima, de grande sabedoria, atribuída a Cosme de Médicis, deixa-nos ainda mais perplexo sobre a figura de Rafael. Como se pintou a si próprio ao longo da sua obra? Seria por haverem contemplado a aparente perfeição arquetípica das suas criações que tantos críticos conceberam um Rafael quase perfeito? Tal pode constituir, porém, traiçoeira e platónica *kalokagathía*, associação (neste caso eventualmente apressada) do belo com o bem. Apesar dos trabalhos de Vasari e de tantas hagiografias ulteriores, *et pour cause*, Rafael continua a ser para nós um desconhecido, escapa-se-nos, e o seu sorriso é mais enigmático que o da Mona Lisa. Santo ou pecador, ou, parafraseando Lutero, muito santo porque muito pecador? Uma pessoa doce e sem personalidade vincada, com uma vida fácil, "de príncipe", de triunfos e prazeres sem história? Beneficiário de um grande virtuosismo e vítima da sua facilidade, ou meticuloso trabalhador de fundo, na sombra, aparentando uma espontaneidade que não teria? Um cortesão hábil e de duas faces? Paternal mestre de múltiplos discípulos, ou empresário de uma oficina lucrativa? Génio ou sábio precursor do marketing da sua obra? Importa pouco julgar o homem, e conhecê-lo interessa sobretudo para melhor compreender a obra. *Ni rire, ni pleurer, ni maudire, comprendre*, escreveu Paulsen. Esse deveria ser o projecto de uma biografia de Rafael. Uma biografia a fazer, evidentemente. Numa coisa a vida e a arte do artista confluem: na sedução. Rafael foi, antes de tudo o mais, um sedutor.

---

[70] CHARLES BOULEAU, *Charpentes. La Géométrie Secrète des Peintres*, Paris, Seuil, 1963, p. 120-121.

Parte II. **PARATEXTOS**

I. *Pré-Textos*

Numa Europa e numa Itália deveras «interessantes» historicamente[71], atravessadas por profundas contradições e conflitos, no

---

[71] Retomando a linguagem de Levi-Strauss, sabemos que as sociedades "frias" são desinteressantes, e as "quentes" interessantes. Mas também perigosas, evidentemente. Para uma contextualização de Rafael e da sua obra, nos diversos planos, além das obras citadas *pari passu*, cf., designadamente, de entre inumeráveis: JACOB BURCKARDT, *A Civilização do Renascimento Italiano*, trad. port., 2.ª ed., Lisboa, Editorial Presença, 1983; JOHN HALE, *The Civilization of Europe in the Renaissance*, Harper Collins, 1993, trad. port. de Maria José La Fuente, *A Civilização Europeia no Renascimento*, Lx., Presença, 2000; J. BRONOWSKI/BRUCE MAZLISCH, *The Western Intelectual Tradition*, 1960, trad. port. de Joaquim João Braga Coelho Rosa, *A Tradição Intelectual do Ocidente*, Lisboa, Edições 70, 1988, máx. p. 23-92; HANS BLUMENBERG, *Die Legitimitaet der Neuzeit (erweiterte und ueberarbeitete neuausgabe)*, 4.ª ed., Frankfurt, Suhrkamp, 1976, trad. ingl. de Robert M. Wallace, *The Legitimacy of the Modern Age*, Cambridge, Mass/London, 1983, máx. p. 63 ss., e *passim*; Sobretudo no plano político: GIOELE SOLARI, *La formazione storica e filosofica dello stato moderno*, Nápoles, Guida editori, 1985, máx. pp. 23-38; J. G. A. POCOCK, *The Machiavellian Moment. Florentine Political Thought and the Atlantic Republican Tradition*, Pinceton/Londres, Princeton University Press, 1975. Para a necessária comparação entre o Renascimento e o Humanismo com a Grécia Antiga: além do clássico WERNER JAEGER, *Paideia, Die Formung des Griechichen Menschen*, Berlin, Walter de Gruyter, 1936, trad. port. de Artur M. Parreira, *Paideia. A Formação do Homem Grego*, Lisboa, Aster, 1979, ainda BRUNO SNELL, *Die Entdeckung des Geistes*, Goettingen, Vandenhoeck & Ruprecht, 1975, trad. port. de Artur Morão, *A Descoberta do Espírito*, Lx., Edições 70, 1992. Para uma síntese filosófica: JOÃO J. VILA-CHÃ, *Renascimento, Humanismo e Filosofia: Considerações sobre alguns temas e figuras*, "Revista Portuguesa de Filosofia", 58 (2002), pp. 739-771 (e todo o volume em

centro do centro do mundo, novo *omphallus*[72], o Vaticano, surgiria, pela mão de Rafael, uma utopia pictórica. Se o Gótico houvera trazido aos pobres e iletrados as bíblias de pedra, numa omnipresente memória do mito[73], o Renascimento triunfante e sintetizado no futuro «padroeiro» de Urbino, vai recordar ao culto, requintado e opulento papado de então o sonho de um mundo perfeito, daquela

---

que se insere este artigo). Para a História do Pensamento e da Filosofia jurídica, além dos citados nos lugares subsequentes (muito relevantes), cf. ainda *v.g.* JUAN VALLET DE GOYTISOLO, *A Encruzilhada Metodológica Jurídica no Renascimento, a Reforma, a Contra-Reforma*, trad., pref., org. de Fernando Luso Soares (Filho), Lx., Cosmos, 1993; ANTÓNIO M. HESPANHA, *Panorama Histórico da Cultura Jurídica Europeia*, Mem Martins, Europa-América, 1997.

[72] Ao umbigo do mundo grego, e especificamente délfico, se sucede a centralidade imperial e (ao tempo) "planetária" de Roma, cidade que não só é *caput mundi* como em qualquer outro lugar se repete e se implanta, transplantando o centro para um *mundus*. Este novo centro estará onde o áugure, simbolicamente e com o seu *littus*, decidir e consagrar: na intersecção de duas perpendiculares (*cardo* e *decumanus*). Donde decorre que cada cidade, à imagem e semelhança de Roma, regular e quadrada, ortogonal, é microcosmos. E este repete-se do Império à *domus* e à *villa*. E por isso talvez a língua aproximou a cidade e o mundo – *urbs* e *orbis*. Mas é evidente que o problema do centro como lugar onde se coloca o observador fará decerto parte das estruturas antropológicas do imaginário. É um problema de organização do mundo, de sentido do mundo. Cf., no plano urbanístico, *v.g.*, CHRISTIAN NORBERG-SCHULZ, *La signification dans l'architecture occidentale*, p. 84 ss.; no plano mítico-antropológico, MIRCEA ELIADE, *Traité d'histoire des religions*, Paris, Payot, 1949, nova ed. port. trad. por Fernando Tomaz e Natália Nunes, *Tratado de História das Religiões*, Porto, Asa, 1992, p. 464 ss.. V. ainda, GILBERT DURAND, *Les structures anthropologiques de l'imaginaire. Introduction à l'archétypologie générale*, Paris, Bordas, 1969, trad. port. de Hélder Godinho, *As Estruturas Antropológicas do Imaginário*, Lx., Presença, 1989.

[73] Cf., de entre os recentes, ROLAND RECHT, *Une Bible pour illetrés. Sculpture gothique et 'théâtre de mémoire'*, in "Critique", t. LII, n.° 586, Paris, Minuit, Março de 1996, p. 188 ss.. Rafael será considerado ainda como tendo também a sua Bíblia pintada, ao longo das 52 cenas dos tectos das *loggiæ* (cf. http://www.christusrex.org/www1/stanzas/0-Raphael.html). Atribui-se ao Papa Gregório, o Grande, essa tese da *Biblia pauperum*, como justificação a arte sacra. Cf. OTTO PAECHT, *The Practice of Art History. Reflections on Method*, Londres, Harvey Miller, 1999, p. 72.

cidade ideal que já anteriormente subjazera sob os pincéis do movimento, desde, pelo menos, Ambrogio Lorenzetti[74] e Piero della Francesca, e que não raro se indicia também pelos fundos idílicos (até arquitectónicos) de muitas composições.

A *Stanza della Segnatura*, que deve a sua designação a ter sido certamente local de funcionamento de um tribunal eclesiástico (tribunal *della signatura gratiæ*), acaso se transformaria ulteriormente em biblioteca[75] do Papa Júlio II.

E tal seria a função a que os frescos que hoje aí podemos contemplar se destinavam: a de ornamentar, mas sobretudo a de inspirar, os labores intelectuais de um Papa belicoso, mas também humanista[76]. Mas se acaso a sala permaneceu como tribunal, ou, pelo menos, se não se tornou biblioteca papal, nem por isso o objectivo muda radicalmente; pelo contrário, a ser válida uma tal interpretação, melhor se pode compreender como a Justiça (nas suas diferen-

---

[74] AMBROGIO LORENZETTI, *Consequências do Bom Governo (da Cidade e do Campo)*, 1337-1339 (40), Fresco da Sala della Pace, Palazzo Pubblico, Siena.

[75] As fontes dividem-se. Há quem enfraqueça a ideia de que o espaço alojasse uma sala de tribunal, enfatizando a de biblioteca. Cf. MONICA GIRARDI, *Rafaello. La Ricerca della Perfezione e la Tenerezza della Natura*, p. 54. Pelo contrário, E. H. GOMBRICH, *Symbolic Images – Studies in the Art of Renaissance*, trad. cast. de Remigio Gomez Dias, *Imágenes Simbólicas*, 3.ª reimp., Madrid, Alianza Editorial, 1990, p. 136, dá como ponto assente, fundado em testemunho coevo de Albertini (e citando JOHN POPE-HENESSY, *Raphael*, Londres e Nova Iorque, 1970, cap. IV, n. 20), que a biblioteca de Júlio II estava decorada com motivos astronómicos, considerando também (o que importa muito para o nosso presente escopo) que embora se não possa provar que a *stanza* em apreço tivesse sido desde sempre lugar de tribunal, tal se torna muito provável precisamente pelo seu esquema decorativo (E. H. GOMBRICH, *Symbolic Images – Studies in the Art of Renaissance*, p. 138). Um argumento que aponta também para a decoração, mas em sentido contrário, é o invocado por EUGENIO BATTISTI, *Hocherenaissance und Manierismus*, Holle, trad. port. de Maria Inês Sousa Guerra, *Renascimento e Maneirismo*, Lx., Verbo, 1984, p. 153 ss.. Este autor insiste que as paredes e os medalhões do tecto indicavam a localização das matérias dos livros em cada quadrante, e invoca o facto de que na parede norte da *Stanza* estão pintados armários.

[76] Cf., *v.g.*, MONICA GIRARDI, *Rafaello. La Ricerca della Perfezione e la Tenerezza della Natura*, p. 46 ss..

tes facetas, acepções e relações, sobretudo como era vista pelos Humanistas) se encontra omnipresente nesse espaço: de forma subtil a olhos profanos, claríssima a uma segunda leitura.

As *Stanze* em que se insere a de que ora curamos, encontram-se na ala setentrional do piso superior de um palácio do séc. XIII, mandado construir por Nicolau III e ulteriormente reconstruído, já no séc. XV, por Nicolau V (1450).

As paredes e os tectos que Rafael foi chamado a pintar não estariam totalmente nuas. Além de decorações mais antigas e originais (talvez de Piero della Francesca, Luca Signorelli e Fra Bartolomeo), quedava aí trabalho, bem mais recente, da autoria da equipa mandada chamar logo que Júlio II (com pressa de abandonar os aposentos do seu predecessor Bórgia, Alexandre VI, e ao que parece em sequência de um ataque de ira) se decidiu mudar. Tal equipa era constituída pelo Sodoma, o Bramantino, Lotto, Baldassare Peruzzi e o primeiro mestre de Rafael, Perugino.

Bramante pede ao Papa que chame também Rafael, e, obtido o consentimento do Pontífice, a breve trecho todos são por este dispensados, e o jovem artista de Urbino autorizado a tudo destruir (*"buttare atterra tutte le storie"*) e refazer.

A 13 de Janeiro de 1509 uma ordem de pagamento da tesouraria vaticana prova que estava então em plenas funções. Rafael deitara mãos à obra em 1508 (terminará em 1511), começando precisamente pela *Stanza della Segnatura*, deixando-nos aí um microcosmos não totalmente separado da realidade e da História, mas em muito boa parte decantado e elevado a síntese arquetípica da República das Letras, as quais, segundo a vanguarda intelectual da época, procuravam congregar as Humanidades quer com a Religião (é já a ideia da *Fides et Ratio*), quer com o Direito (*nuptiæ iurisconsulti et philologiæ*), sendo certo que a "frente filológica" era essencial na corrente humanista. Nobre mas complexo intento, e certamente votado ao fracasso (a não ser num estrito plano elitista) como mostraria a História subsequente[77]…

---

[77] Sobre o Humanismo jurídico, por todos, MICHEL VILLEY, *La formation*

A empresa não era totalmente nova. Sempre ou quase sempre encontramos precursores das obras primas, qualquer que seja a arte. E nestes casos convém mesmo mudar de domínio para ver mais claramente. Ora, ao lermos os clássicos, e sobretudo os grandes clássicos transmutadores como um Shakespeare[78], compreendemos a diferença entre o registo autoral e o talento, e entre o talento e o génio. Os grandes génios, como Rafael, foram grandes assimiladores, o que nada tem a ver com imitação, mas, parafraseando livremente Paul Valéry, com a transformação de carne de carneiro em

---

de la pensée juridique moderne, Paris, Montchrestien, 1975, p. 397 ss. Sobre o fracasso do Humanismo jurídico: NUNO ESPINOSA GOMES DA SILVA, *Humanismo e Direito em Portugal no século XVI*, Lx., ed. do autor, 1964, máx. p. 353 ss.. O inêxito da harmonização humanismo/religiosidade cristã pode aquilatar-se, por exemplo, pelas desventuras de Erasmo (cf., por todos STEPHEN ZWEIG, *Erasmo de Roterdão*, 9.ª ed., trad. port., Porto, Livraria Civilização, 1979; JOHAN HUIZINGA, *Erasme*, Paris, Gallimard, 1965), e pela eclosão da Reforma protestante.

[78] Vem-nos à memória este passo de GILBERTO FREYRE, "A Língua Inglesa", *Selecta para Jovens*, Lx., Livros do Brasil, s.d. (1981?), p. 39: "E para o inglês de Shakespeare é que correram, e vêm correndo, como para um rio-mar, à procura de expressão universal, lendas e dramas escondidos em idiomas quase sem vida pública, idiomas quase domésticos como o dinamarquês, como o próprio polonês, como o bengali, como o irlandês, como o escocês velho". Embora o contexto possa enfatizar uma leitura deste texto sobretudo como utilização de tradução, não há dúvida que essa apropriação e universalização não decorre somente da língua, mas sobretudo da metamorfose criadora operada sobre estórias em que não se suspeitaria decerto essa vocação. Sobre a centralidade canónica de Shakespeare, o que tem todo o sentido especial em tempos de desconstrução anti-canónica, cf. HAROLD BLOOM, *The Western Canon. The Books and the School of the Ages*, trad. port., introd. e notas de Manuel Frias Martins, *O Cânone Ocidental*, Lx., Temas de Debates, 1997, máx. p. 53 ss.. Também sem dúvida podendo ser acusado de algum exagero etnocêntrico pró-anglo-saxónico, HAROLD BLOOM, *Shakespeare, The Invention of the Human*, Riverhead Books, 1999. Curiosamente, a capa da edição original é construída tendo por base uma reprodução da *Sibila de Delfos* de Miguel Ângelo. Mais recentemente, o autor daria à estampa uma impressionante "enciclopédia" simbólica sobre o "génio": Idem, *Genius: a mosaic of one hundred exemplary creative minds*, trad. bras., *Gênio. Os 100 Autores mais criativos da História da Literatura*, Rio de Janeiro, Objectiva, 2003. Inclui, porém, sobretudo escritores e alguns filósofos.

sangue de leão[79]. Além de que a pura originalidade, tantas vezes um fogo fátuo e uma pretensão *d'épater le bourgeois*, é uma categoria historicamente localizada[80].

É por isso provável que Rafael tivesse dado uma vista de olhos (furtiva ou não) ao que, paralelamente, no plano técnico-expressivo fazia Miguel Ângelo na Capela Sistina[81], e não seriam seus desconhecidos alguns trabalhos em cuja temática se pôde inspirar.

Mas mais importante que a eventual inspiração monumentalista de Miguel Ângelo, a qual se manifesta pontualmente e apenas ao nível de alguma expressão, é o lastro de referências sígnicas que determinaram as composições.

Por um lado, o hábito de decorar com simbolizações das faculdades os espaços mais ou menos letrados (e daí, decerto, muito concorre para a tese de que a *stanza* se destinaria a biblioteca); por outro, e especificamente importante para a parede da Justiça e do Direito, como veremos, anteriores ilustrações personificadas das virtudes.

Concentremo-nos agora, *brevitatis causa*, nas possíveis influências para a parede da Justiça, e especificamente para a representação das virtudes, que aí avulta como principal elemento simbólico. De todas as possíveis fontes, a mais próxima é também uma obra de decoração mural, da autoria de Perugino, em Perugia: o *Col-*

---

[79] "Rien de plus original, rien de plus soi que de se nourrir des autres. Mais il faut les digérer. Le lion est fait de mouton assimilé.", afirma, com efeito, PAUL VALÉRY, *Œuvres,* Bibl. de la Pléiade, Paris, Gallimard, 1960, t. II, p. 478 [orig. in *Tel Quel, Choses tues,* 1930].

[80] Cfr., *v.g.,* ROLAND MORTIER, *L'Originalité. Une nouvelle catégorie esthétique au siècle des Lumières,* Genève, Droz, 1982. Sobre a tendência para a influência, por todos, HAROLD BLOOM, *The anxiety of influence. A theory of poetry,* New York, Oxford University Press, 1973.

[81] A fonte originária da tese de uma intrusão furtiva de Rafael na Capela Sistina, com a cumplicidade de Bramante (que estaria na posse das chaves da capela), é GIORGIO VASARI, *Les vies des meilleurs peintres, sculpteurs et architectes,* p. 206. Contra tal tese, *v.g.,* MONICA GIRARDI, *Rafaello. La Ricerca della Perfezione e la Tenerezza della Natura,* p. 62; LUISA BECHERUCCI, "Raphael and Painting", in AA. VV., *Raffaello. The Paintings. The Drawings,* Novara, Istituto Geografico De Agostini, 1998, p. 116.

legio di Cambio. E a sua elaboração decorreu entre o dobrar do século e 1507 (há também quem diga cerca de 1500), precisamente o ano em que Júlio II decidiu mudar de aposentos, no Vaticano. Além do mais, a época de elaboração do *Cambio* coincide com um período de convivência entre Perugino e Rafael, e é precisamente poucos meses depois de terminada a obra do primeiro em Perugia que ambos vêm para Roma ao serviço do Papa[82].

No *Collegio di Cambio*, do mestre Perugino, as virtudes cardeais encontram-se agrupadas duas a duas, em dois murais. O agrupamento é interessante, porquanto se as quatro virtudes, posto que muitas vezes hierarquizadas entre si de forma unitária-ternária, com prevalência de uma sobre as demais três (como veremos), podem até mais facilmente ser divididas em dois pares: o da Prudência e da Justiça, e o da Fortaleza e da Temperança.

As virtudes são representadas no céu, entronizadas, e na mesma composição, mas já na terra, ver-se-ão encarnadas em personagens ilustres da Antiguidade: para a Prudência, Fábio Máximo, Sócrates e Numa Pompílio; para a Justiça, Camilo, Pítaco e Trajano; para a Fortaleza Escínio, Leónidas e Horácio Cocles; para a Temperança Cipião, Péricles e Cincinato.

Podemos ir mais longe no tempo. É sabido que este procedimento alegórico é já medieval, talvez sobretudo do Gótico, e com inúmeras variantes em diversas obras, em vários países[83].

Mas restringindo-nos apenas à Itália, algumas composições podem suscitar o nosso prévio interesse.

A primeira é a "representação dramática" da alegoria das virtudes acompanhadas pelos vícios que Giotto pintou na Capela chamada da Arena, em Pádua (1305-1309), a qual, seguindo embora na linha das formas simbólicas tipicamente medievais (posto que superando do ponto de vista formal o estilo "gótico"), nos oferece ensejo para a detecção de alguns interessantes problemas.

---

[82] E. H. GOMBRICH, *Imágenes Simbólicas*, p. 137; FIORENZO CANUTI, *Il Perugino*, Siena, 1931, 2 vols., I vol., pp. 138-139.

[83] JUAN F. ESTEBAN LORENTE, *Tratado de Iconografía*, Madrid, Istmo, 1998, p. 396 ss..

Assim comenta Panofski os atributos da virtude da Justiça de Giotto:

"Quando, por exemplo, contemplamos as encantadoras estatuetas nos pratos da balança da Justiça na Capela Arena (*sic*) (...) uma delas ameaçadora na atitude típica de um Júpiter que lança o trovão, a outra a imagem de uma pequena Vitória recompensando o sereno académico, temos dificuldade em decidir se estamos em presença de figuras tiradas da Antiguidade ou inventadas *all'antica*"[84].

Em nota, o ilustre investigador convoca uma comparação com o mural do *Bom Governo* de Lorenzetti, o qual estaria mais de acordo com a doutrina da subdivisão da Justiça em comutativa e distributiva, segundo a *Summa Theologiæ*, I, q. 21, art. 1. Para Giotto haveria um subdivisão da distributiva em duas, a que o autor chama "remunerativa" e "punitiva". Ora há aqui, ao que parece, um conjunto de mal entendidos.

Primeiro, as divisões da justiça em comutativa e distributiva não são apenas escolásticas, mas devem-se, pelo menos, a Aristóteles. Além dessas, há ainda a considerar outras subdivisões, quiçá mais importantes, como veremos.

Depois, o que está aqui em causa não é a justiça jurídica mas a moral, já que de um ponto de vista jurídico até a ideia de uma justiça "remunerativa" é muito discutível. Sendo a passagem do Digesto que aos "prémios" alude considerada uma interpolação tardia, devida certamente à mão de Triboniano[85]:

"Cuius merito quis nos sacerdotes appellet: iustitiam namque colimus, et boni et aequi notitiam profitemur, æquum ab iniquo separantes, licitum ab ilicito *discernentes, bonos non solum metu pœnarum, verum etiam præmiorum quoque exhortatione efficere cupientes* (...)"[86].

---

[84] ERWIN PANOFSKY, *Renascimento e Renascimentos na Arte Ocidental*, trad. port., Lx., Presença, 1981; JOSÉ EISENBERG, "A Justiça de Giotto" I e II, in *A Democracia depois do Liberalismo*, Rio de Janeiro, Relume Dumará, 2003, p. 135 ss..

[85] ALFONSO GARCÍA-GALLO, *Antologia de Fuentes del Antiguo Derecho. Manual de Historia del Derecho*, II, 9.ª ed. rev., Madrid, 1982, p. 41.

[86] D. I, 1, 1, pr. (ULPIANUS). A parte interpolada figura em itálico.

Quer Lorenzetti quer Giotto não conheciam o carácter interpolativo desse passo das Pandectas, mas mesmo assim é duvidoso que tivessem a clara percepção da distinção entre a Justiça própria do Direito e da Justiça moral. Além disso, o franciscanismo de Giotto facilmente se adapta à ideia de redistribuição da riqueza, e, concomitantemente, à tentação de conceber uma justiça social *sub specie* "justiça distributiva "remunerativa".

Mas quer a versão sintética de Lorenzetti (reunindo num anjo a pretensa dualidade da função distributiva), quer a versão analítica de Giotto, distribuindo-a(s) por dois pratos, não resolvem a identificação da Justiça jurídica e a sua autonomia. Também em nada resolve o problema a única citação que Panofski na sua nota faz de S. Tomás: Ia, q. 21, art. 1., porquanto ela versa precisamente sobre a Justiça de Deus, não sobre a dos Homens. Por isso, os mensageiros dessa justiça são anjos em Lorenzetti.

Embora o autor da *Suma Teológica* utilize por vezes os mesmos termos e as mesmas fontes para questões diversas (é preciso notar-se que se trata de uma obra inacabada[87] e certamente não revista nem harmonizada internamente, além de ser vastíssima), veremos *infra* como noutros lugares aduziu aportações de muito mais relevante importância. Todavia, é obviamente certo que entende o problema da justiça divina relacionando-a com as categorias aristotélicas do distributivo e do comutativo. E é ainda natural que o *suum cuique* a atribuir por um Deus concebido então sobretudo como juiz do juízo final será um *suum cuique* de prémios e castigos.

Consideremos agora algumas possíveis inspirações.

É mais que plausível que Rafael e Perugino tivessem tido conhecimento da representação das virtudes cardeais e teologais (e mais uma: a humildade) nas portas do lado sul do baptistério de Flo-

---

[87] As fontes mais originais sobre como S. Tomás abandonou a sua obra, depois de uma experiência (visão) mística são GUGLIELMO TOCCO, *Vita Sancti Thomæ Aquinatis*, c. 33, e BARTOLOMMEO DI CÁPUA, *Processo Napolitano de Canonização*, n. 79. A frase de Tomás ao seu secretário que o instava a continuar é proverbial: "Non possum quia omnia quae scripsi videntur mihi paleæ respectu eorum quæ vidi et revelata sunt mihi".

rença, concebidas por Andrea Pisano (c. 1337). Outras obras alegóricas nesta linha poderiam tê-los inspirado. Parece que o cânone dos atributos das virtudes se vai solidificando na Itália do *Trecento*, para cristalizar no *Quatrocento*[88].

Porém, há a assinalar uma diferença de atributos muito grande entre os do cânone quatrocentista e os utilizados por Rafael. Surgem apenas reminiscências para a Justiça (a do tecto), com balança e espada, no espelho da Prudência, e um pouco num certo ar de Minerva ainda ostentado pela Fortaleza (embora haja no Renascimento múltiplas representações da deusa da sabedoria[89]).

A Justiça num dos medalhões (encimando a respectiva parede)
do tecto da *Stanza della Segnatura*

---

[88] Sobre a evolução e cristalização, JUAN F. ESTEBAN LORENTE, *Tratado de Iconografía*, pp. 402-403.

[89] Cf., *v.g.*, RUDOLF WITTKOWER, "Der Wandel des Minerva-Bildes in der Renaissance", in *Allegorie und der Wandel der Symbole in Antike und Renaissance*, Colónia, Du Mont, 1977, p. 246 ss..

O poder simbólico-evocativo de Rafael é mais profundo, sem ser tão explícito. Por exemplo, a Fé já não é apresentada com cálice e cruz, mas por um *putto* segurando uma tocha[90]; a Esperança não tem coroa (que aliás perderia noutros autores já) nem se encontra em atitude orante, mas é outro *putto*, apontando o céu.

Sabemos que também as representações das artes eram frequentes nas alegorias medievais. Já, pelo menos, Marciano Capela, no século V, houvera enunciado os atributos simbólicos das sete artes liberais no seu estudo *De Nupcis Philologiæ et Mercuri*. E por sua influência se tinha feito já acompanhar cada uma de uma figura emblemática e ilustrativa: a Gramática[91] seria representada por Donato ou Prisciano, a Retórica com Cícero, a Dialéctica com Aristóteles, Boécio para a Aritmética, Euclides como geómetra, Pitágoras na Música, Ptolomeu para a Astronomia.

---

[90] Vale a pena comparar esta representação com a alegoria da Fé de GIOTTO, pormenor de um fresco da capela de Santa Maria dell'Arena, em Pádua, c. 1350, a qual constituiu, todavia, já um enormíssimo progresso na representação, aproximando-se das esculturas góticas (delas retirando inspiração). Aí a Fé é representada como uma matrona segurando uma cruz e um pergaminho sagrado enrolado. Com efeito, uma coisa é o progresso do desenho exterior (aqui representado por Giotto, ele, que fora campeão do espírito e do intelecto nas suas obras), outra o do desenho interior. Rafael consegue aliar uma a outra das características: o virtuosismo da representação ao intelectualismo da concepção. Este *putto* da Fé pode servir de exemplo. Sobre desenho interior e exterior, *v.g.*, LIONELLO VENTURI, *Como si comprende la Pittura*, Turim, Einaudi, 1975, trad. cast. de Asun Balzola, *Cómo Entender la Pintura. Desde Giotto a Chagall*, Barcelona, Destino, 1988, máx. p. 38. Não é pequeno progresso esta depuração simbólica de Rafael. Até porque ulteriores representações caíram na redundância "literalista". Um exemplo apenas: sem dúvida que BOICHOT e VILLEREY, autores do desenho do frontispício d'*O Génio do Cristianismo*, de CHAUTEAUBRIAND, voltando à representação de uma fé entronizada numa nuvem e segurando uma grande cruz e uma pequena harpa, não estavam a efectuar uma recuperação (*recuperatio*), mas a inserir-se no curso normal de uma tradição iconográfica ininterrupta.

[91] Sobre a evolução das alegorias da Gramática, cf. RUDOLF WITTKOWER, "'Grammatica': Von Martianus Capella bis Hogarth", in *Allegorie und der Wandel der Symbole in Antike und Renaissance*, p. 309 ss..

O que, assim, parece haver na *Stanza* não dizemos de novo, mas de re-criador, de fecundo, é a junção da representação da Sabedoria e das Virtudes (na e para a Justiça, como veremos), não de forma catalogante, mas dialogante, e com profunda autonomia e ipseidade de umas e outras. A apresentação de ambas as "listas" alegóricas fora feita já por Nicolau de Bolonha[92]: sete virtudes encimando as sete artes liberais. Rafael corta com a representação da tardia e ritualística escolástica catalogadora (qual a apresentação decorada da lógica dos silogismos) para, em lugar do *trivium* e do *quadrivium* representados por uma autoridade em cada matéria, nos apresentar uma verdadeira uni(di)versidade plenamente dialéctica, nas "Escola de Atenas", e representar muito mais humanamente as virtudes, laicizando-as (as cardeais estão muito mais claramente presentes que as teologais, e, por um artifício etário, usufruem de uma escala muito maior), e espiritualizando-as (decantadas que ficam de uma parafernália excessivamente denotativa que, dando-lhes leitura imediata, todavia as minimiza em poder simbólico).

Que diferença, no espaço de apenas um século, entre este rol de virtudes que parecem apregoar os seus atributos como se foram as suas mercadorias, num palco, e o tratamento que delas virá a dar Rafael.

---

[92] NICOLÒ DA BOLOGNA, *Novella super libros Decretalium*, de Giovanni Andrea, 1355, Milão, Ambrosiana, ms. B 42 inf. m fol. 1. Reprodução *in* E. H. GOMBRICH, *Imágenes Simbólicas*, estampa 75.

II. *Relance e Modo-de-olhar*

Em qualquer das direcções em que se volte o olhar, deparamos com uma das basilares *epistemai* do espírito: a Teologia, a Filosofia, a Poesia e o Direito. Se recordarmos as tradicionais faculdades da universidade medieval (que acresciam às disciplinas das artes liberais, do *trivium* e do *quadrivium*[93]), verificamos que aí estão todas presentes, sendo apenas a Medicina (disciplina do corpo) substituída pela Poesia[94], representada pelo Parnaso, o mítico lugar dos poetas.

Curiosamente, como veremos, enquanto as Letras se autonomizam num quadrante próprio, os artistas plásticos, elevados de artesãos ou artífices a pensadores[95], figuram no fresco da Filosofia, ou com lugar *a se* (como sucede com o próprio Rafael), ou emprestando o seu rosto aos filósofos da Antiguidade, cujas feições certamente se ignoravam.

Mas sobretudo atestando essa plena emancipação das Belas Artes face às artes mecânicas[96], comprovando que, como diria Leonardo da Vinci, a Pintura[97] é *«una cosa mentale»*[98].

---

[93] Estas sete artes liberais haviam sido representadas já por Pinturicchio no Vaticano, cerca de dez anos antes desta *Stanza*, nos aposentos do papa Bórgia, que Júlio II desejava precisamente abandonar. Cf. E. H. GOMBRICH, *Imágenes Simbólicas*, p. 137.

[94] Assinalando esta substituição, MONICA GIRARDI, *Rafaello. La Ricerca della Perfezione e la Tenerezza della Natura*, p. 54

[95] Sobre o estatuto do artista (termo inexistente no Renascimento), cf. ANDRÉ CHASTEL, "O Artista", in *L'Uomo del Rinascimento*, dir. de Eugenio Garin, Roma/Bari, Laterza, 1988, trad. port. de Maria Jorge Vilar de Figueiredo, *O Homem Renascentista*, Lx., Presença, 1991, p. 171 ss..

[96] Sobre a distinção medieval entre artes mecânicas e artes servis, e a ausên-

62   *O Tímpano das Virtudes*

Esta utopia intelectual (e intelectualista) está imbuída da filosofia (neo-[99]) platónica[100], que uns atribuem ao próprio Rafael, o

---

cia de uma teoria das Belas Artes, cf. UMBERTO ECO, *Arte e Bellezza nell'Estetica Medievale*, Milão, 1987, trad. port. de António Guerreiro, *Arte e Beleza na Estética Medieval*, Lx., Presença, 1989, p. 128 ss..

[97] Pode aquilatar-se da importância da Pintura como espécie de sinédoque de toda a arte por este saboroso passo de GÉRARD GENETTE, *L'Œuvre de l'Art*. I, *Immanence et transcendance*, Paris, Seuil, 1994, p. 7: «(...) la peinture, puisque cet art-là est fréquemment, quoique implicitement, tenu pour l'Art par excellence: chacun sait ce que désigne en général le label Histoire de l'Art». Cf. ainda RICHARD WOLLHEIM, *Painting as an Art,* trad. bras. de Vera Pereira, *A Pintura como Arte*, São Paulo, Cosac & Naify, 2002.Também sabemos que, depois do Gótico, em que reinou a Arquitectura, no Renascimento a preponderância passou para a Pintura.

[98] WINCKELMANN, *Reflexiones sobre la Imitación del Arte Griego en la Pintura y la Escultura*, p. 60, afirmará a este propósito: "O pincel que o artista maneja deve estar imerso na inteligência, tal como se disse do estilete de Aristóteles: deve dar que pensar mais do que o mostrado à vista; e o artista alcançará este objectivo quando tenha aprendido não a dissimular os seus pensamentos sob as alegorias, mas antes a formulá-los através de alegorias."

[99] Afirmando o neo-platonismo, *v.g.*, http://www.ibiblio.org/wm/paint/auth/raphael/ (*The Webmuseum*, Paris). A situação é que se o neo-platonismo foi uma corrente importantíssima durante a Idade Média, no Renascimento, e especialmente no séc. XVI italiano, assiste-se ao renascer do platonismo de Platão (e sem Plotino, por exemplo). Tal se deveria, em boa medida, à redescoberta de manuscritos gregos e à afluência de tradutores bizantinos a Itália. Marsílio Ficino, o Pico della Mirandola e a própria Academia florentina são expoentes desta vaga, que em breve se espalhará, desde logo pela França. Tal é, por exemplo, a posição de MICHEL VILLEY, *La Formation de la pensée juridique moderne*, p. 418. Há, assim, também aqui, que recusar o ritualismo da referência corrente, e distinguir platonismo de neo-platonismo, para aquilatar directamente do que se passou. No que respeita ao nosso concreto tema, cf. EDGAR WIND, *The Elocuence of Symbols: Studies in Humanist Art*, 2.ª ed., Oxford, Oxford Univ. Press, 1993, trad. cast. por Luis Millán, *La Elocuencia de los Símbolos. Estudios sobre Arte Humanista*, Madrid, Alianza Editorial, 1993, p. 101 ss. ("La Justicia platónica representada por Rafael"). Em geral sobre a reacção (neo-)platónica renascentista ao que chama "positivismo", RENÉ HUYGHE, *Sens et Destin de l'Art*, Paris, Flammarion, trad. port. de João Gama, *Sentido e Destino da Arte*, vol. II, Lx., Edições 70, 1986, p. 106 ss..

[100] Cf., em geral, a conferência inaugural como *Privatdozent* em Hamburgo de EDGAR WIND, *'Theios Psóbos'. Untersuchungen ueber die Platonische Kuns-*

qual, para outros, teria seguido um plano do próprio Papa, e, para outros ainda, teria consultado os seus amigos humanistas, muito especialmente o poeta e bibliotecário Tomás Inghirami[101]. Roma fervilhava de academias de inspiração platónica, das quais pode bem Rafael ter colhido a lição.

Mas as três versões são, obviamente, compatíveis. Nesta senda, poder-se-á dizer que a clássica e platónica tríade dos "bens" se encontra aqui retratada, e é-o sempre na dualidade do mundo sublunar ou "caverna" (representado pelos murais) e do mundo entelequial dos arquétipos, a luz do exterior à caverna (representado no tecto).

Com efeito, a Verdade é dividida, com rigor, em verdade divina (Teologia) e em verdade humana (Filosofia), o Belo é representado pelo Parnaso, e o Bem pela Justiça (no tecto) e pelo Direito, civil e canónico, que figuram um de cada lado de uma janela. Significativamente, como veremos, entre a pura Justiça do céu dos conceitos (*Begriffshimmel*, diriam os alemães) e o direito positivo (canónico e civil) medeiam as virtudes, sobretudo as cardeais (essas que são gonzos das portas da moral: tal o seu significado etimológico), mas alternando com as teologais. Um tímpano simbolizando as virtudes encontra-se assim, impressivamente, entre a Justiça do tecto e os murais que celebram as Pandectas e as Decretais.

Na verdade, cada uma das quatro paredes representa o momento culminante ou a possível forma de "perfeição" (dialéctica) no mundo sublunar do Direito, da Filosofia, da Poesia e da Teologia. Mas não mais que isso (e já é muito). Enunciemo-las:

a) Como dissemos, e respectivamente, as Decretais de Gregório IX para o Direito Canónico e o Digesto de Justiniano para o Direito Civil (separadas por uma janela).

---

tphilosophie, "Zeitschrift fuer Aesthetik und allgemeine Kunstwissenschaft", XXVI (1932), pp. 349-373, *in ex*: *La Elocuencia de los Símbolos. Estudios sobre Arte Humanista*, p. 41 ss..

[101] Cf. STEPHANIE BUCK/PETER HOHENSTATT, *Raffaelo Santi, llamado Rafael. 1483-1520*, p. 65.

b) A "Escola de Atenas"[102] para a Filosofia (na parte inferior, a porta da sala, atentando contra a simetria da estrutura externa, em nada prejudica, porém, a unidade da composição).

c) O Parnaso, lar das Musas, como alegoria da Poesia (com o significado, *lato sensu*, do nosso actual conceito de *Literatura*), composição que não fica sequer truncada na parte inferior pela outra janela.

d) E a "Disputa do Sacramento" (essa, porém, já incluindo em si um nível superior, celestial), representando a Teologia, talvez menos afectada ainda pelo acidente arquitectónico de uma porta, que como que ignora.

Encimando cada um dos murais, no tecto, medalhões circulares apresentam as diferentes alegorias relativas aos respectivos temas das paredes que encimam:

a) da Justiça: ideia do Direito – *Ius suu*(m) *unicuique tribuit*, dizem as tábuas-legenda, retomando Ulpianus[103] e recordando a *Caixa do Retrato* atribuída a Ghirlandajo[104];

b) da Filosofia, ou, mais precisamente, do Saber[105]: pois aí os *putti* que ladeiam a figura feminina alegórica seguram tábuas dizendo: *causarum cognitio*;

c) da Poesia: uma poesia de origem divina – *numine afflatur*, e da

d) Teologia: conhecimento das coisas divinas: "*divinar*(…) *rer*(…) *notitia*", numa não segura intertextualidade

---

[102] Assim denominada, sem grande propriedade, por um guia em língua francesa do séc. XVI. Cf. E. H. GOMBRICH, *Imágenes Simbólicas*, p. 137.

[103] «*Iustitia est constans et perpetua voluntas ius suum cuique tribuendi*», afirma ULPIANUS, *lib. 1 Regularum* = D. 1, 1, 1, pr..

[104] Recordam essa estranha obra pela configuração, mas também pelo texto, que aí é "sua cuique persona". O trabalho, cuja paternidade é incerta, mas talvez de RIDOLFO GHIRLANDAJO, encontra-se nos Uffizi, em Florença.

[105] No tecto, parece, com feito, estar representado o Saber, enquanto na parede correspondente a amizade humana por ele, ou *Filo-sofia*. Nesse sentido parece ir também a interpretação de GIORGIO VASARI, *Les vies des meilleurs peintres, sculpteurs et architectes*, p. 202. O autor fala aí em "Conhecimento".

com Ulpianus: *"divinarum atque humanarum rerum notitia"*[106], já que Cícero, um dos grandes influentes do Humanismo, pode ter sido fonte mais acessível – *De Officiis*: *"Sapientia est, ut a veteribus philosophis definitum est, rerum divinarum humanarumque scientia"*).

No espaço entre estes medalhões, além de pequenas formas losangulares acessórias, que preenchem a rede do tecto, sobressaem quatro quadros dignos de nota:

Entre a Justiça e a Teologia, Adão e Eva, separados pela serpente demoníaca (com sugestiva cabeça feminina), em alusão ao primeiro pecado e ao primeiro julgamento. Entre a Justiça e o Saber (ou Filosofia, como comummente se pensa), o julgamento do sábio Salomão, símbolo da perfeita união do juiz e do perspicaz conhecedor das coisas humanas.

Entre a Sabedoria e a Poesia, representada com uma lira, está a Astronomia, essa ciência terrena que ouve já a música das esferas. Curiosamente, o céu em que se apoia tem a conjunção astrológica de 31-X-1503, dia da eleição de Júlio II. E finalmente entre a Poesia e a Teologia fica a coroação do deus mitológico Apolo, vencedor do Sileno Marsia, que ousara desafiá-lo para um certame musical. Citação mitológica fundante do castigo primordial, que funciona como um símile mítico (e artístico) da infracção de Eva e Adão[107].

A ligação entre todos os elementos do tecto existe, sem qualquer dúvida, assim como a geral concatenação de sentido entre todos os componentes da sala. Há várias possibilidades de leitura destas cenas intercalares, para além da nossa. Se acabamos por considerá-las essencialmente gradações de índole ilustrativa relativamente aos medalhões arquetípicos, podem também ler-se, por exemplo, apenas da esquerda para a direita. E assim à direita da Justiça

---

[106] ULPIANUS, *lib. 1 Regularum* = 1, 1, 10, 2.

[107] Em sentido idêntico, JAMES BECK, *The Stanza della Segnatura*, Nova Iorque, George Braziller, 1993, trad. it. de Achille Albertelli, *Rafaello. La Stanza della Segnatura*, Turim, Società Editrice Internazionale, 1996, p. 36. Sobre a representação da Astronomia, MATILDE BATTISTINI, *Simboli e Allegorie*, Milão, Mondadori Electa, reed. 2003, p. 31.

encontra-se o julgamento de Salomão, à direita da Teologia o pecado original, à direita da Poesia a coroação de Apolo, à direita da Sabedoria o desvendamento astronómico da máquina do mundo. Outras conexões são ainda possíveis, evidentemente[108].

Mas uma marca comum (ou pelo menos predominante) sobressai: para além da alusão à astronomia, todos os três quadros são referentes a matéria de julgamento ou juízo: o pecado original, motivando a primeira condenação mítica, o julgamento de Salomão, julgamento exemplar, em que se fez "direito por linhas tortas", e o julgamento artístico, na disputa musical entre o deus e o sileno. O peso destas imagens que remetem para a avaliação, para o discernimento de valor ou juízo axiológico (ético, jurídico e estético), colocam nessa malha dos céus a importância da arte de julgar, em todos os sentidos: no jurídico e no estético, desde logo, tendo obviamente por pressuposto a faculdade de julgar, de sede filosófica. Reforçando as conotações que aproximam todas estas *epistemai*[109].

A chave para a leitura de toda a obra, que se pode considerar um verdadeiro ciclo, só se encontra na apreciação global de todas as composições da sala, e apenas se, seguindo o dedo de Platão, mestre filosófico de Rafael, começarmos por cima: neste caso, pelo tecto, onde os quatro medalhões entronizam as Ideias, e descendo de seguida, pelas respectivas paredes, que são uma ilustração, exemplificação, ou desenvolvimento de cada uma delas[110]. Essa é a forma que consubstancia a concepção, aceite pela Cúria romana do tempo, segundo a qual os universais existem antes das coisas particulares, as ideias antes das coisas (no que se atesta o seu platonismo filosófico): *universalia sunt ante rem*.

---

[108] Cf., *v.g.*, ROBERTO SALVINI, *Stanze e Logge di Raffaello*, pp. 5-6.

[109] Cf., além, obviamente, de KANT, *Critica da Razão Prática*, mais recentemente, HOWARD CAYGILL, *Art of Judgment*, Oxford, Basil Blackwell, 1989

[110] E. H. GOMBRICH, *Imágenes Simbólicas*, p. 138. A perspectiva de uma leitura integral e vertical descendente havia já sido defendida por SCHLOSSER no *Jahrbuch / Anuário* de Viena, no ano de 1896.

III. *Teologia e Poesia*

Esta sala, de dimensões afinal reduzidas, cerca de 10 x 8 m (o que muito negativamente influíu na sua compreensão por quem nela não esteve e a conheceu somente a partir de vistas parciais, em desenhos ou mesmo fotografias), é um microcosmos do qual se poderiam tirar inúmeras lições. Seria concebível uma enciclopédia do saber renascentista (e em muito boa medida das Humanidades de sempre) elaborada a partir do comentário destas alegorias e do significado e importância de cada figura invocada (embora haja algumas personagens de interesse meramente conjuntural, por exemplo na "Escola de Atenas"[111]).

Mas não poderá ser essa a nossa presente tarefa. Além do sacrifício de muitas reflexões, centrar-nos-emos neste estudo na breve análise dos sectores que representam a Filosofia ou o Saber (a dita «Escola de Atenas») e, principalmente, o Direito.

Antes, porém, importa, muito sinteticamente, aludir às representações da Teologia e da Poesia.

A Teologia apresenta-se no tecto sob a forma de uma figura feminina, vestida de branco, verde e vermelho, respectivamente as cores da fé, da esperança e da caridade. Esta simbologia cromática remete-nos imediatamente para o significado de três dos cinco *putti* do tímpano das virtudes, o qual como que biza. Como dissemos, as

---

[111] Esta presença de contemporâneos notáveis e de colegas releva da diplomacia de corte e de corporação, mas também de alguma "artesania" compositiva. Cf., *mutatis mutandis*, e pensando especificamente no teatro de Shakespeare, ALAIN, "Artisans", *Propos sur l'Esthétique*, 6.ª ed., Paris, PUF, 1991, p. 91 ss..

tábuas que lhe servem de dístico e lema também nos fazem imediatamente pensar numa passagem de Ulpianus, que considera a *Iuris prudentia* como *humanarum et divinarum rerum notitia (,) iusti atque iniusti scientia*[112], o que poderia fazer crer que o autor pretenderia englobar a própria Teologia na arte jurídica[113] Embora, como se sabe, os quadros mentais de quase todas as ciências (mesmo as incógnitas da geometria[114]) hajam sido, durante muito tempo, cunhados a partir do saber mais estruturado (ou mais precocemente formalizado) que era o jurídico, tal é pouco plausível.

A Teologia aponta com o dedo indicador para o mural inferior, da "Disputa do Sacramento", designação que, tal como a da "Escola de Atenas", deixa muito a desejar[115]. Na verdade, a discussão que se está a desenvolver não seria, para alguns, sobre o Sacramento, mas sobre a Santíssima Trindade. Outros preferem considerar como tema da composição as duas vertentes da Igreja: a Igreja militante e a Igreja triunfante[116].

É muito importante a composição estrutural nesta parede, que transmite todo um significativo movimento ascensional (que não chega a ser posto em causa por uma certa rigidez dos santos e da

---

[112] ULPIANUS (*lib. 1 Regularum*), D.1,1,10, 2.

[113] Todavia, a tradução (interpretação) mais plausível para este brocardo parece ser a de SEBASTIÃO CRUZ, *Direito Romano*, I. *Introdução. Fontes*, 3.ª ed., Coimbra, ed. do autor, 1980, p. 281, n. 346, que assim o verte para português: "A *iurisprudentia* é a ciência do justo e do injusto, tendo como pressuposto (como indiscutível, como evidente, isto é, que se reconhece sem discussão; é o significado da palavra *notitia*, que se encontra em ablativo, e não em nominativo, e por isso a vírgula a seguir a ela está a mais) certas coisas divinas e certas coisas humanas". E o autor conclui: "– São os pressupostos metajurídicos da Ciência Jurídica (como do ordenamento jurídico em geral)".

[114] Cf., v.g., MICHEL SERRES, *Le contrat naturel*, François Bourin, Paris, 1990. Sobre alguns violinos de Ingres e outras actividades dos juristas, algumas bem insuspeitadas, cf. CARLOS PETIT (ed.), *Pasiones del Jurista, Amor, memoria, melancolía, imaginación*, Madrid, Centro de Estudios Constitucionales, 1997.

[115] Cf., *v.g.*, JAMES BECK, *Raffaello. La Stanza della Segnatura*, p. 48; PETER e LINDA MURRAY, *The Art of the Renaissance*, reimp., Londres, Thames and Hudson, 1997, p. 272.

[116] ROBERTO SALVINI, *Stanze e Logge di Raffaello*, p. 6.

Paratextos 69

excessiva solidez das nuvens, heranças de Perugino e Fra Bartolommeo[117]). A composição baseia a sua estrutura em arcos de círculo, cujo centro, colocado muito alto, impele o espectador nessa direcção, e indica a hierarquia das Igrejas, triunfante e militante[118].

No eixo central da composição, e de cima para baixo, figuram Deus Pai, o Filho, o Espírito Santo e a hóstia consagrada. Na horizontal, o fresco divide-se em três linhas quase paralelas, que determinam três níveis, a ler também de cima para baixo. De todo o modo, as duas divinas, celestiais, claramente se apartam da terrena, divididas que estão por uma barreira de nuvens.

Antes de mais, o nível do Pai, onde apenas figuram anjos, três de cada lado, e a distância conveniente, como o faria uma guarda de honra. Depois, o nível do Filho, ladeado por Maria e João Baptista, numa posição um tudo-nada inferior, e um pouco mais abaixo ainda, uma assembleia de santos e veneráveis figuras do Antigo Testamento (como Adão, o segundo a contar da esquerda, sem auréola).

Finalmente, na terra, de um lado e do outro do altar, várias figuras, mitradas, laureadas ou de cabeça descoberta, com gestos significativos argumentam por diversas convicções[119]. Destaquem-se os grupos constituídos por S. Gregório e S. Jerónimo, e por S. Boaventura, o Papa Sisto IV, Dante e Savonarola.

Pelo menos na zona terrena do fresco (e alguns crêem que também em toda a composição), o ponto focal é a hóstia no ostensório sobre o altar[120]. Talvez por isso haja quem prefira chamar a esta ale-

---

[117] Nesse sentido, PETER e LINDA MURRAY, *Op. Loc. Cit.*.

[118] Cf. CHARLES BOULEAU, *Charpentes. La Géométrie Secrète des Peintres* p. 120.

[119] Para mais desenvolvimentos, por todos, JAMES BECK, *Rafaello. La Stanza della Segnatura*, p. 50 ss.

[120] Valorizando profundamente a hóstia como centro do quadro, ao mesmo tempo minúsculo na dimensão e transcendente no significado, *v.g.*, RENÉ HUYGUE, *Les Puissances de L'Image*, Paris, Flammarion, trad. port. de Helena Leonor Santos, *O Poder da Imagem*, Lx., Edições 70, 1998, p. 79 ss..

goria *Triunfo da Eucaristia*[121], expressão que, como se sabe, significa etimologicamente *acção de graças*.

A Poesia coroada de louros em forma aureolada, é apresentada com os atributos clássicos da lira e do livro, sendo a única das figuras que ostenta asas, o que tanto pode apelar para o seu carácter imaginativo, como para a sua origem divina (ou sagrada, numinosa – *numine afflatur*).

O fresco inferior é uma solução engenhosíssima de aproveitamento de espaço tirando partido da limitação decorrente do facto de ter de circundar (encaixar) uma janela. Assim, em torno de Apolo, do loureiro e da fonte (certamente castálica) dispõem-se (por nível de proximidade com o deus) primeiro as nove musas, e depois autores clássicos e modernos, coroados de louros: Homero, Safo, Horácio, Dante, Anacreonte, Estácio, Vergílio, Bocácio, Ariosto, Petrarca, Énio.

As figuras mais próximas das paredes laterais ganham uma vida que dir-se-ia não é só obra da perspectiva, parecendo "sair do mundo pictórico para voltar ao (mundo) real"[122].

---

[121] Cf. Monica Girardi, *Rafaello. La Ricerca della Perfezione e la Tenerezza della Natura*, pp. 56-57.

[122] James Beck, *Rafaello. La Stanza della Segnatura*, p. 62.

III. *Polaridades: Interior e Exterior, Cultural e Natural, Humano e Divino*

Talvez não seja despiciendo assinalar, de entre as múltiplas harmonias e contrastes existentes entre os diversos elementos que compõem o ciclo, que o Parnaso e a Disputa, que envolvem matérias de origem divina (divina é a poesia, pressupõe-se pela inscrição no medalhão respectivo, no tecto), são composições representadas ao ar livre, no puro cenário da natureza; enquanto os dois frescos dos dois Direitos e o da "Escola de Atenas" se passam dentro de portas. O teológico e o inspirado ligam-se assim à natureza, obra de Deus, e o saber e o justo conectam-se com a arquitectura, obra do Homem.

A nossa análise vai concentrar-se progressivamente no mais culturalizado e humano de todo o ciclo: primeiro, abordando o Saber e a Escola, que ainda têm com a natureza, explicitamente, um contacto iluminado – veja-se o centro e fundo da "Escola de Atenas", que se abre para o exterior; depois, a parede do Direito, onde os frescos que ladeiam a porta quase parecem pertencer aos recantos- -nichos que lhes servem de pano de fundo. Porém, iremos ocupar- -nos em boa parte das virtudes, que encimam a porta, e essas estão de novo ao ar livre, dada a sua natureza.

Parte III. **TEXTOS**

I. *Saber e "Escola"*

Fragmento central da chamada "Escola de Atenas"

Composição e Espaço

Comparemos as representações medievais das artes e das ciências com a "Escola de Atenas". Às figuras hieráticas, formalíssimas, de um Nicolau de Bolonha, dir-se-ia (anacronicamente) de feições passadas a papel químico, e sobrecarregadas de artributos designatórios, sucede-se agora simplesmente a coexistência de sábios, num local selecto e arejado, onde paira uma calma edénica.

Se compararmos agora as cores com as do fresco fronteiro, da *Disputa*, doirada dos esplendores celestes e das vestes dos cardeais, depararemos com outro profundo e significativo contraste: a "Escola" prefere, num fundo azul e branco céu recortado pelo mármore não alvíssimo da construção, sobretudo os brancos, azuis e os verdes, dando à componente cromática da composição uma outra humanidade e racionalidade[123].

E ainda sempre dividindo o olhar entre as duas maiores composições da sala, a da sabedoria sobre o humano e a da sabedoria sobre o divino, comparando as estruturas da disposição dos elementos, imediatamente verificamos como a forma se adequa ao tema: víramos como na *Disputa* tudo é vertical, sugerindo a autoridade, a revelação, o dogma; vemos agora que na Escola tudo é horizontal[124], representando a paridade dos que dialogam, dos que estudam. Mesmo se a cena se divide em dois patamares paralelos, a verdade é que se encontram separados por degraus onde se não marca uma distância ou uma ordem, pois a figura de ligação de um Diógenes meio deitado quebra a ideia de hierarquia e introduz um elemento de ligação, reforçado por uma personagem de vestes brancas e verdes que, de costas para nós, sobe.

Além de poder ver-se por vezes algo de escultórico por detrás da suavidade de algumas figuras, sobretudo as mais monumentalistas, como a que representa Miguel Ângelo, sobressai do fresco a representação de duas esculturas, uma de cada lado, ao cimo da escadaria: à direita de Platão, Apolo, simbolizando o triunfo da Virtude, e do lado de Aristóteles figura Minerva, símbolo da Natureza[125]. Embora esta interpretação divisora de águas seja matizada pelo facto de Aristóteles ter na mão as *Éticas*...

Se o decorativismo puro e simples será de excluir em obras que não consentem acasos e em que nenhum *horror vacui* domina, tam-

---

[123] Cf., em sentido algo semelhante, JAMES BECK, *Rafaello. La Stanza della Segnatura*, p. 78.

[124] JAMES BECK, *Rafaello. La Stanza della Segnatura*, p. 78 alude também a este contraste de linhas.

Textos 77

bém talvez não seja de valorizar em excesso o simbolismo destas representações, aliás normalmente esquecidas pelos investigadores.

A arquitectura em que se inserem as personagens é utópica, sem dúvida, conquanto nela se evoquem traços dos projectos de Bramante para uma nova S. Pedro, e algo do arco central nos recorde um fundo de Andrea Mantegna[126]. O todo da organização do espaço adopta agora uma perspectiva diversa da usual[127], e muito mais abrangente. Nada se lhe assemelhara até então. Em Giotto, a questão é colocada através da nítida separação entre pintura e real, aparecendo aquela com um claro recorte espacial, e em Brunelleschi, Masaccio, ou Piero della Francesca, a composição desenvolve-se a partir de um ponto de mira, um espectador-"objectiva fotográfica". Agora, estamos perante um artifício em que o universo não é o quadro, mas a composição é o universo, incluindo o observador como seu centro ideal. E em vez de o espectador se colocar como tal diante da pintura, num corte "epistemológico" claro entre o real e o criado, como que somos desta feita transportados para a cena, pois nada mais resta que ela[128].

---

[125] Neste sentido, cf. EUGENIO BATTISTI, *Renascimento e Maneirismo*, p. 155.

[126] E. H. GOMBRICH, *Histoire de l'Art*, p. 258

[127] Note-se, porém, que toda a perspectiva é uma "uma forma altamente inventiva de representar o espaço", de modo algum uma fórmula natural. A perspectiva renascentista concordava também com a sua *Weltanschauung* de algum modo já racionalista. Atentemos neste trecho de DERRICK DE KERCKHOVE, *The Skin of Culture (Investigating the New Electronic Reality)*, trad. port. de Luís Soares e Catarina Carvalho, *A Pele da Cultura. Uma Investigação sobre a Nova Realidade Electrónica*, Lx., Relógio D'Água Editores, 1997, pp. 66-67: "Deve ter sido quase mágico descobrir a perspectiva nas grandes obras de arte do Renascimento. A excitação provinha não só da novidade mas também da concordância daquilo que as pessoas mais cultas observavam como aquilo que acontecia dentro das suas cabeças. Estavam a olhar não só para um modelo de organização da informação visual e espacial mas também, e isso devia ser muito mais importante para eles, para um modelo de organização do próprio pensamento. Estava a criar-se uma nova ordem – a ordem da perspectiva".

[128] Cf., a este propósito, ROBERTO SALVINI, *Stanze e Logge di Raffaello*, pp. 8-11.

O Diálogo

Somos assim chamados a comungar de um ambiente sobretudo separado da realidade social envolvente, e, além do mais, ucrónico: pois aí convivem sábios de todas as épocas. Na verdade, é o que ocorre na verdadeira universidade, onde todos se tornam contemporâneos, pelo diálogo da "grande conversa" (*great conversation*[129]). E se, como alguns pensam, esta sala se destinaria a biblioteca, que melhor ilustração deste cenáculo (englobando também as demais paredes), que o traduzido por estas linhas do nosso Teodoro de Almeida? Recordêmo-lo:

"No meu gabinete tenho maiores delícias do que posso achar lá por fora. Nelle ajunto huma assemblea escolhida de pessoas, as mais bem instruídas nas sciencias, mais engraçadas na conversação, e mais distintas na eloquência. Ninguém me falta à hora que quero: tenho tal felicidade, que sem escandalizar a ninguém, só falla aquelle de quem eu faço mais gosto. Se estou em hora de gostar das delícias do Parnaso, tenho poetas admiráveis; se quero notícias de países remotos, sempre há quem me informe com miudeza e verdade. Se me recrea a História, tenho arte para fazer vir diante de mim os heroes mais famosos que produzirão os séculos: e que no curto theatro de minha casa representem os mais raros sucessos, que acontecerão no mundo"[130]

Mas enquanto a biblioteca pode induzir ao solipsismo enclausurador de um leitor sem contradita, o ideal para que aqui se apela é o do estudo, do ensino e da aprendizagem, mas também do diálogo. E, desde logo, Platão e Aristóteles estão a dialogar, serena e séria discussão que como que se amplia, em ondas, pelos diversos grupos do vasto espaço.

---

[129] A qual é uma versão da ideia de cânone, aliás. Cf. MORTIMER J. ADLER (ed.), *The Great Conversation*, 5.ª ed., Encyclopædia Britannica, 1994 (máx. o artigo de ROBERT M. HUTCHINS, *The Great Conversation*, p. 46 ss.).

[130] TEODORO DE ALMEIDA, *O Feliz Independente do mundo e da fortuna ou arte de viver contente em quaisquer trabalhos da vida*, 2.ª ed., Lx., Régia Officina Typografica, 1786, 3 vols., vol. I, p. 65.

Ao contrário do que se poderia pensar pelo nome apenas, esta "escola" não se encontra numa alinhada sala de aula ou anfiteatro, antes é, verdeiramente, peripatética. Não tem como pano de fundo uma biblioteca, e poucos livros aí se encontram (embora alguns, evidentemente, e sobretudo nunca um único), como que sublinhando a importância do saber autónomo e da discussão. Conversa, escrita e leitura são três actividades imprescindíveis ao saber: e todas elas se encontram presentes na composição, como que pressagiando esse grande passo de Bacon, síntese de um excelente programa de sabedoria:

> "Ler amadurece o espírito; conversar adestra-o; escrever torna-o exacto; portanto, se o homem escreve pouco, necessita de grande memória; se conversa pouco, de vivacidade intelectual; e se lê pouco, de muita astúcia para simular que conhece o que não conhece."[131]

A Escola

Finalmente, e embora o espaço central seja ocupado pelos dois filósofos mais marcantes de todos os tempos, sem os quais o filosofar se torna vácuo, e talvez vão, Platão e Aristóteles, tal centralidade em nada revela que sejam os chefes de escola, e muito menos que um se sobreponha ao outro (*concordia Platonis et Aristotelis*). Pelo contrário, as atitudes diversas em que se encontram representados, Platão apontando o céu e Aristóteles como acariciando simbolicamente a terra com a sua dextra paralela ao solo e dirigida nessa direcção, aí estão como grande exemplo para todas as academias: mesmo nas coisas essenciais é necessário contar com mais que um mestre, mais que uma voz, e não venerar sequer mais um que o outro.

A utopia académica de Rafael é uma escola plural, pluralista e de pares. Ninguém se choca com os modos de Diógenes, como que

---

[131] FRANCIS BACON, *Ensaios*, 2.ª ed., trad. port. de Álvaro Ribeiro, Lx., Guimarães Editores, 1972, p. 219.

deitado no centro da escadaria central, nem com o ar bisonho de Miguel Ângelo, representando Heraclito. Todos são iguais e igualmente estimáveis nessa república do saber, em que não haveria chefes de departamento nem gestores de investigação. Uns trabalham sozinhos, outros em grupo, uns parecem ensinar (como Bramante, representando Euclides, de compasso em punho, curvado sobre uma lousa), outros aprender (como os que o rodeiam). E, espantem-se os burocratas: não há qualquer coordenação entre eles (e muito menos relações de poder). Pelo ar de cada qual, é pouco provável que, tal como o par central, concordem entre si. E todavia reina a paz: *concordia discors*.

Assim o exprime uma das entre nós mais popularizadas histórias da arte:

"Nesta composição, o artista exprime maravilhosamente o espaço a três dimensões. Com uma habilidade perfeita move ali as suas personagens, dispostas em ferradura, sendo o olhar obrigado a dar a volta ao grupo, a partir do primeiro plano. A arquitectura define tão bem este espaço que ele parece até tangível. Apesar de um certo movimento, a simetria do conjunto cria uma sensação de repouso. As figuras, tomadas separadamente, sugerem a acção, mas a sua reunião é muito tranquila, monumentalmente equilibrada, cada uma das figuras no seu devido lugar."[132]

Poderá haver melhor definição da "Escola" ou da Universidade?

Um ideal a todos une: o amor da sabedoria, e só por ele foram admitidos naquele claustro, que é solene e com sabor clássico, mas que deixa ver o azul do céu e as nuvens.

O Saber

A concórdia estabelece-se também entre a alegoria singular do Saber, no tecto (mais vasta que a simples Filosofia: as suas tábuas

---

[132] EVERARD M. UPJOHN *et al.*, *História Mundial da Arte*, III vol., p. 132.

não assinalam a mera busca da sabedoria, mas o próprio conhecimento das causas – *causarum cognito*[133]), e a plural e dialéctica dos Saberes, na parede. Não só Platão nos remete com o dedo para a deusa, como quase se diria que esta lê os mesmos livros que este filósofo e Aristóteles. Com efeito, é representada com um livro verde de *Filosofia Natural* e um vermelho de *Filosofia Moral*, segurando Platão o *Timeu* e Aristóteles a *Ética*.

Estamos, pois, perante uma admirável síntese entre a maior liberdade de discussão, investigação e ensino, mas assente não no delírio da razão, antes nas bases mais sólidas, presididas pelo Saber do alto, que se revê nos livros que se lêem na Escola. Depois, como dissemos, brilham as ausências de coisas supérfluas e nocivas à mesma.

Prisioneiros da caverna, temos saudades, alunos e professores, desse arquétipo da universidade, em que o saber vale pelo saber e cada um apenas pelo que é.

Sequência

Não exageremos o carácter neo-platónico de Rafael. Sobretudo não o façamos como mecânica subsunção de um autor e de uma obra (ou deste ciclo) num geral movimento[134]. Porque, como veremos no ponto seguinte, pelo menos em alguma medida na concepção da Justiça, ao legado platónico se junta Aristóteles. Se depois dele muito

---

[133] Reforçam a ideia de um saber absoluto as cores das vestes da deusa, simbolizando a compreensão total do real nos clássicos quatro elementos: azul do ar, vermelho do fogo, verde a água e e castanho da terra, colocados significativamente por esta ordem, da parte superior para a inferior, como numa espécie de espelho da natureza.

[134] Cf. alguns estudos que fazem alusão ao neoplatonismo renascentista: ERWIN PANOFSKY, *Studies in Iconology*, Oxford, Oxford University Press, 1939 e 1967, trad. port. de Olinda Braga de Sousa, *Estudos de Iconologia. Temas Humanísticos na Arte do Renascimento*, 2.ª ed., Lx. Estampa, 1995, máx. p. 119 ss. e 153 ss.; E. H. GOMBRICH, *Imágenes Simbólicas*, p. 233 ss..

se afasta, a verdade é que Rafael, também bom fotógrafo de flagrantes, soube captar o momento em que ambos caminhavam lado a lado, e em que Aristóteles pôde ser, a seus olhos, simultaneamente amigo da Verdade e de seu mestre Platão.

O ponto seguinte versa, pois, sobre a Justiça e o Direito que, como já sugeriam os práticos Romanos, é (ou, pelo menos, deveria pressupor) uma *filosofia prática*. Vai naturalmente ter de englobar boa parte de considerações filosóficas, sobretudo do domínio ético.

I. *O Tímpano das Virtudes*

O Tímpano das Virtudes, que coroa a parede da Justiça
e do Direito na *Stanza della Segnatura*

Cosmovisão platónica e Justiça helénica na Composição

Já que a chave interpretativa no domínio filosófico para todo este período e especificamente para Rafael e até para a interpretação da parede da Justiça é, ritualisticamente, o (neo-)platonismo, comecemos por aí.

Não há dúvida que significativos elementos platónicos se podem encontrar. Alguns deles já foram mencionados, e não reclamam senão uma recapitulação.

Mas esta investigação implica antes de mais advertir que, mercê do carácter dialogal da obra de Platão, em que muitas vezes não é claro que partido toma, além da expansão excepcional da sua fama, um sem número de platónicos foram surgindo ao longo dos séculos, ao ponto de um reputado especialista ter afirmado: "nem uma só noção, de quantas costumamos fazer radicar em Platão, foi advogada por todos os platónicos: nem a existência transcendente das formas universais, nem o conhecimento directo destas entidades inteligíveis, nem o amor espiritual, nem a imortalidade da alma e muito menos o seu tentâmen de conceber uma república perfeita"[135].

E apesar de tudo, é sabido como a estrutura da obra se inspira em concepções platónicas – desde logo nessa espécie de "mínimo platónico" (todavia ainda controvertível): a cisão entre o céu dos conceitos e o mundo sublunar. Como se sabe, para Platão o homem deve procurar reencontrar o paraíso perdido das Ideias, que deixou com a sua encarnação, equivalente à queda judaico-cristã. Essa ascensão dialéctica (*dialektike poreia*), que é afinal a simbolizada na "Escola de Atenas" pela figura do filósofo da Academia com o dedo apontando o alto, implica diversos patamares: os primeiros níveis, são os da simples opinião (*doxa*): a consideração dos indivíduos não é mais que alvitre ou conjectura (*eixasia*), e mesmo a noção de género não ultrapassa o estádio da crença (*pistis*). Os segundos níveis (já no plano do saber ou disciplina do conhecimento, ou *episteme*) são mais fiáveis e elevados, no caminho para a realidade fora da caverna: o terceiro estádio é constituído pelas ideias necessárias e universais, objecto do pensamento discursivo (*dianoia*), e por último atinge-se a ideia do bem, que será objecto da visão (*noesis*)[136].

O mundo encontra-se assim perfeitamente estruturado, hierarquizado, e é-o ascensionalmente, do particular para o geral, do sensível para o inteligível. Os níveis da alma encontram paralelo nas

---

[135] PAUL KRISTELLER, *The Classics and Renaissance Thought*, Cambridge, Mass., Harvard University Press, trad. port. de Artur Morão, *Tradição Clássica e Pensamento do Renascimento*, Lx., Edições 70, 1995, p. 53 (adaptámos a tradução).

[136] Seguimos a impressiva síntese de G. LAHR, *História da Filosofia*, trad. port., Editor: Manuel Luís da Costa Azevedo, 1933, pp. 25-26, apesar de não concordarmos com a sua tradução de *episteme* (por "ciência"), que, no caso, nos pareceu algo simplista.

virtudes: o plano sensual tem na *sophrosyne* ou temperança a sua moderação, a dimensão já superior da afectividade encontra regulador na *andria* ou fortaleza, e finalmente o mais elevado dos níveis humanos, a razão, tem de ser esclarecido pela prudência ou sabedoria, a *phronesis*. A boa relação entre si destas virtudes é objecto, para Platão, de uma virtude superior, que as ordena em unidade: a *diakaiosyne*, ou justiça. Por isso a Justiça é a mais importante[137].

Estas ideias estavam nos ares dos tempos e na cabeça do nosso pintor. E este carácter hierárquico do universo, descendo de Deus até às coisas, é que é especificamente neo-platónico, porque, existindo sem dúvida em potência em Platão, foi sobretudo enfatizado por Plotino[138]. Daqui decorrem muitas consequências: Antes de mais, o facto de que o tecto da *Stanza della Segnatura*, ao contrário do que sucedeu noutros casos, mais simplesmente decorativos, haja sido pintado pelo próprio Rafael (talvez com excepção do motivo do certame de Apolo e Marsia, pelas figuras serem mais longilíneas), e nele está presente a Justiça. Da Justiça do tecto, e à sua imagem (imperfeita) decorre o Direito, que como que escorre pelas paredes. Deriva pois o Direito da Justiça, como diz uma glosa medieval decerto bem conhecida na época:

> «*Est autem ius a iustitia, sicut a matre sua, ergo prius fuit iustitia quam ius.*»

E tanto é (ou deve ser) o Direito positivo e especificamente o Direito legislado um ancilar e um consequente da Justiça, que Rafael (embora tendo-os concebido em alguns desenhos preparatórios[139]) confiou a discípulos anónimos a execução dos dois frescos das

---

[137] Cf. JULIAN MARIAS, *Historia de la Filosofía*, 4.ª ed. Ampliada, Madrid, Manuales de la Revista de Occidente, 1948, pp. 62-63.

[138] Nesse sentido também, PAUL KRISTELLER, *Tradição Clássica e Pensamento do Renascimento*, p. 56. Sobre os alvores do neo-platonismo e algumas das suas repercussões na arte, RENÉ HUYGHE, *Sens et Destin de l'Art*, Paris, Flammarion, trad. port. de João Gama, *Sentido e Destino da Arte*, I vol., Lx., Edições 70, 1998, p. 230 ss..

[139] Pelo menos o do Digesto. Cf. JAMES BECK, *Rafaello. La Stanza della Segnatura*, pp. 74-77.

Decretais e do Digesto (mesmo tratando-se das Decretais e do Digesto, monumentos legislativos canónico e civil da maior importância!). O tempo, esse *grande escultor* (como diria Yourcenar), maltratou particularmente esses trabalhos, que não merecem atenção especial.

A representação do Direito positivo liga-se ainda a dois motivos menores, na parte inferior da parede, que relembram directamente a tradição anterior dos heróis personificadores das virtudes. E assim existem pequenos quadros sob as duas representações fundantes das compilações.

De baixo para cima temos, pois, os fastos histórico-míticos que simbolizam a Justiça, enquanto sucessos em que imperou uma acção justa; depois, vem a instituição do Direito positivo (ainda ambas no domínio da *doxa*). Já na representação das virtudes e depois na da Justiça talvez não seja demasiado audacioso ver, *mutatis mutandis*, o trânsito da *dianoia* para a *noesis*.

Comecemos então a análise pelo mais importante, a Justiça, elevada ao céu dos conceitos. A representação da Justiça não traz novidades. É uma deusa sentada, sem dúvida bem menos austera que a descrita por Crisipo[140], e não contemplando o céu, como se dizia da *Dikê* grega[141], mas segurando os atributos que se vulgarizaram: balança e espada.

Em várias ocasiões[142] discutimos já a origem e significado des-

---

[140] *"forma atque filo virginali, aspectu vehementi et formidabili, luminibus oculorum acribus, neque humilis neque atrocis, sed reverendæ cuiusdam tristitiæ dignitate"*, *apud* GUSTAV RADBRUCH, *Vorschule der Rechtsphilosophie*, trad. de Wenceslao Roces, *Introduccion a la filosofia del derecho*, 4.ª ed. cast., México, FCE, 1974, p. 139.

[141] SEBASTIÃO CRUZ, *Ius. Derectum (Directum)..., Relectio*, Coimbra, ed. do autor, 1971 p. 27.

[142] Cf. os nossos *Die Symbole des Rechts. Versuch einer Synthese*, in «Archiv fuer Rechts- und Sozialphilosophie», vol. 80 – 1994 1. Quartal. Heft 1, Stuttgart, Franz Steiner, 1994; *Uma Introdução à Semiologia Jurídica. Os Símbolos do Direito*, in EYDIKIA, 3-4. Atenas, 1995, p. 101 ss.; *La balance, le Glaive et le Bandeau. Essay de Simbologie Juridique*, in «Archives de Philosophie du Droit», Paris, Sirey, 1995, separata, 1996; *Dalla Simbologia Giuridica a una Filosofia Giuridica e Politica Simbolica? ovvero Il Diritto e i Sensi*, in "Quaderni

tes atributos, bem como da inexistente venda, também muito difundida, sobretudo na arquitectura de palácios da Justiça. Ao cabo de mais de uma dúzia de anos e estudo, pensamos que a venda é um elemento espúreo, típico de alegorias da fortuna[143], funerárias, ou burlescas, e que teria tido origem numa paródia a sua aposição às representações da justiça, como sucede numa significativa estampa d'*A Nave dos Loucos* de Sebastião Brandt[144]. Deu-se então a "recuperação" sábia do adereço, que, de crítica a uma justiça tonta e não sabendo para onde vai, passou a ser considerado como símbolo da não acepção de pessoas.

Esta representação de Rafael aparenta ser, assim, absolutamente grega, e grega do período tardio (a romana não tem espada, tal como a não tinham Zeus justiceiro[145] ou Thémis), salvo na direcção do olhar da deusa. Porém, faz todo o sentido essa mutação, porquanto as estátuas gregas, estando na terra, procuravam, de olhar nos céus, a inspiração de Zeus. E esta Justiça é a própria deusa (e não a sua imagem), que se encontra precisamente no Olimpo arquetípico. Por isso olha para baixo, benevolentemente, como que

---

Filosofici", Pádua, CEDAM, 1998. Por último, e apontando já para a presente tese, uma referência ao problema em *Direito e Humor*, in "Psicologia, Educação, Cultura", vol. IV, n.º 2, Porto, Dezembro 2000 (saíu em Janeiro 2001), p. 411-435, hoje no nosso *Faces da Justiça*, Coimbra, Almedina, 2002, pp. 27-56. Sintetizámos finalmente o tema numa conferência na Universidade Católica Portuguesa, em Lisboa: *A Justiça: Revelações, Interpretações e Pedagogia*, 12 de Novembro de 2003.

[143] Por exemplo, PIERRE PAUL PRUD'HON (1758-1823), *Tête de la Fortune*, Museu do Louvre. É interessante notar-se que se trata, obviamente, de uma obra menor do mesmo autor de *La Justice et la Vengeance divine poursuivant le Crime*, em que nenhuma das personagens se encontra vendada, ao contrário da *Fortuna*. Sobre a evolução daquela obra, com a qual a própria *Guernica* de PICASSO vai estabelecer algum diálogo, SYLVAIN LAVEISSIÈRE, *Prud'hon. La Justice et la Vengeance divine poursuivant le Crime*, Paris, Réunion des Musées Nationaux, 1986.

[144] SEBASTIAN BRANDT, *Das Narrenschiff*, adaptação fr. de Madeleine Horst, *La Nef des Fous*, Estrasburgo, La Nuée Bleue, 1977, p. 267, estampa 71. Cf. sobre esta estampa, *v.g.*, WOLFGANG SELLERT, *Recht und Gerechtigkeit in der Kunst*, Goettingen, Wallstein, 1993, p. 104 ss..

[145] Sobre a relação de Zeus com a Justiça, HUGH LLOYD-JONES, *The Justice of Zeus*, ed. revista, Berkeley, Los Angeles, London, Univ. of California Press, 1983.

conferindo o seu assentimento a esses momentos fundantes do direito positivo ocidental, a compilação justinianeia e a gregoriana.

Um elemento, porém, assinala aqui o eclectismo de Rafael. Se a deusa em si mesma é praticamente toda moldada pelo ideal helénico, já as tábuas transportadas pelos seus acólitos remetem para um paradigma muito diverso do grego, que deixava muito a desejar na concretização da arte jurídica: *certa autem iuris ars Græcis nulla*[146]. Tal paradigma é o romano: *Ius suu*(m) *unicuique tribuit*, fórmula de clara inspiração no Digesto. Mas, mesmo assim, Rafael tem o cuidado de apresentar o tempo verbal de forma a sublinhar que a deusa ali é a própria Justiça, e não a Justiça humana, *constante e perpétua vontade* (inclinação, apetite, desejo) *de atribuir a cada um o que é seu*. Não, aquela *Dikê* com programa de *Iustitia* ultrapassa ambas, porque ambas humanas afinal (problema de deuses feitos pelos homens, desde Xenófanes assinalado). A Justiça do mundo das ideias não deseja apenas a atribuição justa: fá-la – *tribuit*. Ora fazê-lo desta forma absoluta e sem história, sem mudança, sem falha, não é para os homens, é para os deuses, não é para a a terra, é para os céus. Na terra, porém, o fado é outro: é o *motu perpetuo* do constante andar em demanda, e em demanda empenhada, da Justiça.

O interesse de Rafael parece concentrar-se, porém, especialmente na parte superior da parede, no tímpano que coroa os painéis de Justiniano a receber as Pandectas da mão do seu ministro Triboniano (numa cena excessivamente não romana renascentista nem bizantina, a começar pelos trajes[147]) e de Gregório IX (que tem semelhanças evidentes com a fisionomia de Júlio II) com as Decretais.

---

[146] G. B. Vico, *De Universi Juris uno Principio et Fino Uno*, Proloq., n. 2.

[147] Todavia, mais realista na caracterização de Justiniano que a figura normalmente identificada com o imperador bizantino na *Flagelação de Cristo*, de Piero Della Francesca, e recordando levemente a figura correspondente em Simone Martini, *S. Martinho renunciando às armas*, pintura mural numa das capelas da igreja baixa, Basílica de S. Francisco, Assis, c. 1315-1320.

A força simbólica da deusa helénica não só não abraçava as duas asas (clássica e cristã) do movimento renascentista[148], como, tal como sucede hoje, deveria encontrar-se então já algo esgotada como símbolo capaz de suscitar vero entusiasmo (etimologicamente, "possessão divina"). Assim sendo, e ainda numa linha aristotélica, Rafael vai sobretudo trabalhar as virtudes, condições do exercício da Justiça, e modos da sua efectivação.

Claro que aqui a questão se complica, porque se joga na ambiguidade entre Justiça-virtude e Justiça em sentido jurídico. E é aí que entra em cena Aristóteles, porque o filósofo da Academia vive ainda imerso na síncrese conceitual entre uma e outra das justiças.

Numa perspectiva platónica, Rafael vai pintar apenas três das virtudes cardeais nesse tímpano luminoso e inspirador: a Fortaleza, com armadura e elmo a lembrar Minerva, ostenta como que um leão domesticado; a Prudência, sonda o enigma de si mesma num espelho que um *putto* lhe apresenta; e a Temperança segura com suavidade (quão distantes estamos do, aliás magnífico, auriga de Delfos) as rédeas de corcel que se não vê.

---

[148] O problema da dimensão, da forma e da sinceridade da crença cristã no Renascimento é complexo. Um bom exemplo do proteísmo de que se revestiu pode colher-se no exemplar livro de Lucien Febvre, *Le problème de l'incroyance au XVI.e siècle*, Paris, Albin Michel, 1970, trad. port. de Rui Nunes, *O Problema da Descrença no Século XVI. A Religião de Rabelais*, Lx., Editorial Início, sd.

A Fortaleza (fragmento do Tímpano das Virtudes)

A Prudência (fragmento do Tímpano das Virtudes)

Temperança (fragmento do Tímpano das Virtudes)

As Virtudes e a Justiça. Fontes platónicas

É da concordância e confluência destas três virtudes (sem negar a centralidade da Prudência[149], que ocupa esse lugar na composição, e

---

[149] Há quem, em lugar de centralidade da Prudência, lhe prefira a preeminência. Assim, por exemplo, JOSEF PIEPER, *Menschliches Richtigsein*, trad. port. de Jean Lauand, *Estar certo enquanto homem – as virtudes cardeais* (a nossa tradução seria antes, *cum grano salis*, evidentemente: "Humanamente Correcto"), *in* http://www.hottopos.com.br/videtur11/estcert.htm. O autor prefere o primeiro

para mais elevada num degrau acima, como a servir de trono) que pode nascer a Justiça. Por isso, ao contemplarmos esse tímpano das virtudes sem a Justiça-virtude, nos recordamos do diálogo platónico das virtudes e da justiça, no qual o que se procura sempre lá esteve, mas não era visto. Relembremo-lo:

"Realmente – exclamei – não há dúvida de que somos bem tolos!

– Então?

– Meu caro, há muito, desde o começo, que esta questão parece andar a rolar à frente dos nossos pés, sem que nós a víssemos, fazendo em vez disso uma ridícula figura! Tal como aqueles que às vezes andam à procura do que têm nas mãos, também nós olhávamos para ela, e examinávamos o que estava mais longe. Foi talvez por aí que a questão nos escapou.

– Que queres dizer com isso?

– O seguinte: que me parece que há muito estamos a falar e a ouvir falar sobre o assunto, sem nos apercebermos que era da justiça que de algum modo estávamos a tratar.

– Longo proémio – exclamou ele – para quem deseja escutar!

– Mas escuta, a ver se eu digo bem. O princípio que de entrada estabelecemos que devia observar-se em todas as circunstâncias, quando fundámos a cidade, esse princípio é, segundo me parece, ou ele ou uma das suas formas, a justiça. Ora nós estabe-

---

lugar para a Prudência porquanto considera que uma Justiça só de boas intenções, mas imprudente, porque desconhecedora das realidades, por exemplo, não é suficiente. Nós diríamos que a imprudência animada de um ingénuo sentimento de justiça pode alimentar as maiores ilusões e utopias, bem como conduzir, precisamente por isso, às piores injustiças. *Summum jus, summa injuria*, ou *fiat justitia, pereat mundus*: já os Romanos alertavam para o perigo da imprudência dos justos. Mas não só a Prudência: também a falta de Temperança e de Fortaleza pode fazer perigar a Justiça. E até a falta de pelo menos duas das virtudes teologais: que é de uma Justiça sem Esperança, e da Justiça sem o Amor ou Caridade? No limite, simples barbarismos oficiais, repressão com base na lei. Cf. ainda, mais recentemente, JEAN LAUAND, *Saber Decidir: a Virtude da* Prudentia, in "Notandum", ano VII, p. 11, 2004, p. 7 e ss..

lecemos, segundo suponho, e repetimo-lo muitas vezes, se bem te lembras, que cada um deve ocupar-se de uma função na cidade, aquela para a qual a sua natureza é mais adequada.

– Dissemos isso, efectivamente.

– Além disso, que executar a tarefa própria, e não se meter nas dos outros, era justiça. Essa afirmação escutámo-la a muitas outras pessoas, e fizemo-la nós mesmos muitas vezes.

– Fizemos, sim.

– Logo, meu amigo, esse princípio pode muito bem ser, de certo modo, a justiça: o desempenhar cada um a sua tarefa. Sabes em que me baseio?

– Não – respondeu ele –. Diz lá!

– Afigura-se-me – expliquei – que o que restava na cidade, daquilo que examinámos – a temperança, a coragem e a sabedoria – era o que dava a todas essas qualidades a força para se constituírem, e, uma vcz constituídas, as preservava enquanto se mantivesse nelas. Ora nós dissemos que a justiça havia de ser o que restava, se descobríssemos as outras três.

– Forçosamente.

– Mas na verdade – prossegui eu – se fosse preciso julgar qual destas qualidades, pela sua presença, faz com que a nossa cidade seja boa, seria difícil de distinguir se era a concordância de opiniões dos governantes e dos governados, se a preservação, mantida entre os guerreiros, da opinião legítima acerca do que se deve ou não recear, ou a sabedoria e vigilância existente nos chefes, ou se o que a torna mais perfeita é a presença, na criança, na mulher, no escravo, no homem livre, no artífice, no governante, no governado, da noção de que cada um faz o que lhe pertence, e não se mete no que é dos outros.

– É difícil distinguir – confirmou ele –. Como não o seria?

– Logo, a força que leva cada um a manter-se nos limites da sua tarefa rivaliza, ao que parece, relativamente à virtude da cidade, com a sabedoria, temperança e coragem da mesma."[150]

---

[150] PLATÃO, *A República*, 3.ª ed., introd., trad. e notas de Maria Helena da Rocha Pereira, Lx., Fundação Calouste Gulbenkian, 1980, pp. 185-187 (432 d-433 d).

A Virtude das virtudes: Justiça ou Prudência?

Também Rafael, ao pintar as Virtudes, pinta a Justiça, pinta-a de novo, não já na sua forma hierática, mas na forma dinâmica, dialéctica: pinta-a nas virtudes de que é condição (mas que também são condição sua).

E porque, como vimos, pretende conciliar virtudes laicas e virtudes teologais (embora estas também possam ter uma versão laica, como aquelas uma leitura religiosa), faz a Fortaleza olhar o *putto* que representa a caridade, colhendo frutos, alumia o contemplar-se ao espelho pela Prudência com a tocha da Fé (até porque hoje vemos *em enigma, como num espelho, mas um dia veremos face a face*: ou fora da caverna[151]), e exalta a Temperança apontando-lhe a Esperança no alto[152].

Edgar Wind assim sintetiza o pensamento de Platão a este respeito:

> "(…) a Justiça não é uma virtude concreta que se justapõe à Prudência, Fortaleza e Temperança, mas antes a potência fundamental da alma que determina a cada uma delas a sua função específica"[153].

Tal não é a posição de outros autores especialistas na matéria, como, por exemplo, Pieper, num trabalho publicado não há muito na *Internet*. Para ele, o lugar central e pré-determinante parece ser o da Prudência, enquanto claramente atribui à Justiça uma posição ulterior, determinada designadamente por aquela.

---

[151] *"Videmos nunc per speculum in ænigmate"*, diz Paulo, I Cor.XIII, 12. Também faz esta conexão EDGAR WIND, "La Justicia platónica reepresentada por Rafael", in *La Elocuencia de los Símbolos. Estudios sobre Arte Humanista*, p. 102. Citando S. Agostinho: *"Illuminatio est Fides"*.

[152] Sobre a Esperança, cf., *v.g.*, em clave poética (e mística), CHARLES PÉGUY, *Le porche du mystère de la deuxième vertue*, trad. port. de Henrique Barrilaro Ruas, *O Pórtico do Mistério da Segunda Virtude*, apresentação P.e João Seabra, Lx., Grifo, 1998.

[153] EDGAR WIND, "La Justicia platónica reepresentada por Rafael", in *La Elocuencia de los Símbolos. Estudios sobre Arte Humanista*, p. 101.

É interessante atentar no paralelismo entre a retórica platónica quanto à busca dessa Justiça que não aparece, e a de Pieper, agora versando sobre a Prudência:

"Por exemplo cabe já perguntar: como pode a Prudência ser virtude? E a compreensão tornar-se-á ainda mais difícil quando nos disserem que a seqüência não é casual, mas obedece a uma lógica de significado e de hierarquia: à Prudência, cabe, portanto, o primeiro e mais elevado posto. E mais ainda, tal formulação nem ao menos é precisa; a rigor, a Prudência não ocuparia um lugar como elo dessa série: ela não é algo assim como a irmã das outras virtudes; ela é a sua mãe e já foi designada literalmente como «genitora das virtudes» (*genitrix virtutum*)."

E conclui:

"Desse modo, ninguém poderia – e, por estranho que possa parecer, de facto é assim – praticar a Justiça, a Fortaleza ou a Temperança a não ser que seja ao mesmo tempo prudente. Ao mesmo tempo, e até antes."

E falando da Justiça, assim lhe assinala um lugar segundo, determinado por um prévio "conhecimento da realidade" que parece pertencer à Prudência: indagar primeiro, como vimos já:

"O mais puro desejo de Justiça, a «melhor das boas vontades», a «boa intenção», tudo isto não basta. Antes, a realização do bem concreto pressupõe sempre o conhecimento da realidade."[154]

Este conhecimento da realidade abarcado pela Prudência, segundo a formulação clássica da *Summa Theologiæ* é vastíssimo, englobando (apenas quanto às partes integrantes, e pondo de lado as

---

[154] Todas as citações são de JOSEF PIEPER, *Menschliches Richtigsein*, trad. port. de Jean Lauand, *Estar certo enquanto homem – as virtudes cardeais.*

demais) a memória, o intelecto ou inteligência, a docilidade, a sagacidade, a razão, a previdência, a circunspecção, e a atenção cautelosa[155].

As fontes: as virtudes em Tomás de Aquino

Na verdade, a estratégia dicursiva de Pieper, assim como o substrato das suas ideias nesta matéria, advêm de S. Tomás de Aquino[156]. Sendo certo que a reflexão do doutor angélico ocupa, na *Summa Theologiæ,* quase toda a IIa IIæ, ou seja, na nossa edição, quase mil páginas, seria temerário (e por isso pouco virtuoso) intentar aqui qualquer síntese.

Limitar-nos-emos a alguns tópicos, com relevância para a nossa presente questão.

Antes de mais, é o próprio S. Tomás que se pergunta (obviamente no contexto da interrogação retórica da *quæstio*) se a Prudência é uma virtude[157]. E, como é hábito, embora tudo pareça tender para a negativa, irá concluir, *afirmativamente*, que o é. Outro problema, é se a Prudência é uma virtude especial.

S. Tomás cita Aristóteles nas objecções do seu artigo[158]. Na medida em que a recta razão se entenderia segundo a prudência, porque a prudência se encontraria em todas as virtudes, e ainda

---

[155] *IIa-IIæ, Q. 49.*

[156] A bibliografia sobre S. Tomás é imensa. Permita-se-nos que citemos apenas dois títulos: um sobre a actualidade do doutor comum, LUIZ JEAN LAUAND, "Tomás de Aquino: vida e pensamento – estudo introdutório geral", *in* TOMÁS DE AQUINO, *Verdade e Conhecimento*, tradução, estudos introdutórios e notas de Luiz Jean Lauand e Mario Bruno Sproviero, São Paulo, Martins Fontes, 1999, p. 1 ss.; e o outro é um pequeno livro, mas absolutamente genial, ditado de um fôlego pelo autor, sem precisar de consultar nenhuma fonte, durante a inspiração de tal ditado: G.K. CHESTERTON, *Saint Thomas du Createur*, trad. fr., Niort, Antoine Barrois, 1977.

[157] *IIa-IIæ, Q. 47, a. 4.*

[158] *IIa-IIæ, Q. 47, a. 5, objs. 1-3.*

na medida em que ela não possuiria objecto especial, por ser a "recta razão da acção" em geral, não seria um virtude especial. O *sed contra* deixa-nos, porém, inúmeras perplexidades.

As fontes: o problema hermenêutico de *Sabedoria* VIII, 7

Cita Tomás de Aquino, com efeito, o Livro da Sabedoria[159], VIII, 7. Transcrevamos o pequeno passo, tirado de edição da BAC:

> *"Sed contra est quod condividitur et connumeratur allis virtutibus: dicitur enim Sap. 8,7: «Sobrietatem et prudentiam docet, iusticiam et virtutem»*[160].

A célebre tradução francesa da Cerf não é concorde com este texto latino, porquanto substitui "virtutem" por força:

> *«En sens contraire, elle figure avec les autres dans l'énumération des vertues. Il est dit en effet de la Sagesse (8,7): 'Elle enseigne la sobriété et la prudence, la justice et la force»..*

Pois bem, seja qual for a citação correcta, não alcançamos o valor deste argumento para afirmar o carácter especial da virtude da Prudência. Apenas podemos retirar do texto que a Prudência fica a par das demais, e não na posição aparentemente subalterna, porque desprovida de especificidade de que pareceria sair da pena de Aristóteles. E afinal, aparece um quinto elemento, a Sabedoria, que é como que mestra das virtudes. Isto, apesar de a tradução da Cerf não concordar com a transcrição da BAC.

---

[159] Que, aliás, não consta das primeiras traduções portuguesas: quer da evangélica, de João Ferreira de Almeida (n/ ed., Lx., Sociedades Bíblicas Unidas, 1993), quer a católica, do Padre António Pereira de Figueiredo (n/ ed., reed. da aprovada em 1842 pela rainha D. Maria II com a consulta do Patriarca Arcebispo eleito de Lisboa, Lx., Depósito das Escripturas Sagradas, 1924).

[160] *IIa-IIæ, Q. 47, a. 5, sed contra. Cf. também IIa-IIæ, Q. 58, a. 5, obj. 1.*

Mas desconfiamos desta discrepância, e fomos consultar recentes edições da Bíblia católica, única que contém este livro (considerado apócrifo pelos não-católicos). E aí a confusão revelou-se maior... ou talvez não, porque de novo parece aqui a rondar o velho problema do lugar da Justiça.

Infelizmente, o texto da Bíblia na *Internet* em caracteres gregos[161] não inclui este livro deuterocanónico, que foi escrito originalmente em grego. Por isso, começámos com as versões em papel mais acessíveis.

Este versículo apresenta-se na edição dos Missionários Capuchinhos[162] da seguinte forma:

"E se alguém ama a justiça, os frutos da sabedoria são as virtudes. Ela ensina a temperança e a prudência, a justiça e a fortaleza, que são as virtudes mais úteis para os homens na vida."

Aqui, a sabedoria, essa quintessência determinante das virtudes cardeais, anda explicitamente ligada à Justiça, mesmo que ela depois se repita como virtude, entre as demais. Nesse sentido se diria que esta passagem era platónico-aristotélica[163]. Mas, como nunca se pode fiar numa só tradução, prosseguimos as buscas.

---

[161] http://193.92.80.130/hbible/index.htm

[162] *Bíblia Sagrada*, 8.ª ed., Lx., Difusora Bíblica, 1978.

[163] Não esqueçamos que o livro da Sabedoria, embora se chame, em grego (língua em que integralmente foi escrito, sem que tivesse existido qualquer original judaico), "Sabedoria de Salomão", pertence ao cânone dessa Igreja oriental, e foi escrito certamente por um judeu helenizado, provavelmente em Alexandria. (cf., *v.g.*, ENRIQUE NARDONI, *Los que Buscan la Justicia. Un Estudio de la Justicia en el Mundo Bíblico*, Estella, EVD, 1997, p. 154; BRUCE M. METZGER, MICHAEL D. COOGAN, "Wisdom of Solomon", in *The Oxford Companion to the Bible*, Nova Iorque/Oxford, Oxford University Press, 1993, p. 803 ss.). Tal contexto pode muito bem explicar influências filosóficas "pagãs" (Cf. *Ibidem*, p. 155). No mesmo sentido, e para maiores aprofundamentos, JOSE VILCHEZ LINDEZ, *Sabiduria*, Estella, EVD, 1990, p. 52 ss..

E ao consultar a tradução da Escola Bíblica de Jerusalém[164], deparamos com uma versão cujas diferenças merecem reflexão:

> "*Aime-t-on la justice?*
> *ses labours, ce sont les virtues,*
> *elle enseigne, en effet, temperance et prudence,*
> *justice et force;*
> *ce qu'il y a de plus utile pour les homes dans la vie.*"

Semelhante parece ser o texto da da Bíblia *on line* em castelhano:

> "*Amas la justicia? Las virtudes son sus empeños pues ella enseña la templanza y la prudencia, la justicia y la fortaleza: lo más provechoso para el hombre en la vida*"[165].

Lição igual é a da edição "Bíblia de Jerusalém" em castelhano.

A edição da "TOB" francesa contém matizes diversos, introduzindo expressões pouco canónicas ("moderação" e "coragem"), em lugar das virtudes, consagradas pelo uso:

> "*Aime-t-on la rectitude?*
> *Les vertues sont le fruit de ses travaux,*
> *Car elle enseigne modération et prudence,*
> *Justice et courage,*
> *Et il n'est rien de plus utile aux hommes dans la vie*" (p. 1261)

Já a muito conceituada edição Osty volta a designações menos simplesmente literárias, recolocando o problema de a justiça aparecer duas vezes no texto em funções diversas:

> "*Aime-t-on la justice,*
> *ses labeurs, se sont les vertues;*
> *elle enseigne, en effet, tempérance et prudence,*
> *justice et force,*
> *ce qu'il y a de plus utile pour les hommes dans la vie*"

---

[164] *La Bible de Jérusalem. La Sainte Bible*, nova ed., 14.ª, Paris, Cerf, 1994.

[165] http://www.elcatolicismo.com/biblia/

O mais significativo nesta versão é a nota que explica que, na sua primeira ocorrência, o termo justiça se identifica com o conjunto de todas as virtudes, enquanto na segunda ocorrência é uma das quatro virtudes de Platão e dos estóicos, bem como das virtudes cardeais da teologia cristã.

Idêntico comentário é o de José Vilchez, na sua citada monumental obra especificamente dedicada ao Livro da Sabedoria: a *dikaiosuné*, na sua primeira ocorrência, é mais geral que na sua segunda ocorrência. Na primeira, aparece qual potência geradora das virtudes (que são os seus frutos), ou seja, muito próxima do que chamaríamos a "justiça geral" ou virtude da justiça, mas ultrapassando mesmo essa ideia. Na segunda, aparece curiosamente quase identificada com o direito:

> "La Justicia (…) mira principalmente al derecho de los demás y determina lo que pertenece a cada uno"[166]

Provavelmente, boa parte dos problemas surgirão do sincretismo de fontes de inspiração do autor. Por um lado, a tradição grega e filosófica das quatro virtudes, determinadas pela Justiça, como esta tradução claramente assinala. Por outro, a tradição judaica, em que sobressai a figura (personificada) da Sabedoria[167]. De notar que esta é a única passagem de toda a Bíblia em que as quatro virtudes se encontram associadas[168], e, para mais, ocorre uma "duplicação" com a Justiça…

Mas importa, evidentemente, tentar esclarecer qual a tradução mais fiel: se a que faz brotar as virtudes sobretudo da Justiça, ou da Sabedoria, embora sempre com alguma associação à Justiça.

---

[166] JOSE VILCHEZ LINDEZ, *Sabiduria*, p. 269.

[167] Cf., dando algumas pistas donde se poderá inferir esta nossa hipótese, *La Bible de Jérusalem. La Sainte Bible*, nova ed., 14.ª, Paris, Cerf, 1994, p. 971-972, n. h).

[168] Cf. JOSE VILCHEZ LINDEZ, *Sabiduria*, p. 269.

Neste contexto, outra tradução muito "platónica" e pró-justiça é a edição Pastoral, da Sociedade Bíblica Católica Internacional (edição portuguesa da "Bíblia de Jerusalém)[169]:

"Ama alguém a justiça?
As virtudes são os seus frutos;
Ela ensina a temperança e a prudência,
A justiça e a fortaleza,
Que são, na vida, os bens mais úteis aos homens".

Mas a adopção desta solução seria demasiado fácil. Fomos ver a uma fonte mais antiga e aparentemente mais fiável ainda: a *Stuttgarter Vulgata* – Lyon 1519. Deparamos aí com o texto seguinte[170]:

> *(...) Et si iusticiam quis diligit labores huius magnas habent virtutes Sobrietatem enim et sapientiam docet et iusticiam et virtutem quibus utilius nihil est in vita hominibus. (...) Sap., VIII, 7* (leitura do texto da *Stuttgarter Vulgata*)

Recordemos sempre o texto de S. Tomás:

> «*Sed contra est quod condividitur et connumeratur allis virtutibus: dicitur enim Sap. 8,7: «Sobrietatem et prudentiam docet, iusticiam et virtutem».*

Não coincidem completamente... Sobretudo porque onde a *Vulgata de Estugarda* fala em *sabedoria*, sapiência, figura *prudência* na *Summa*.

---

[169] *Bíblia Sagrada. Edição Pastoral*, 3.ª ed., ed. orig. bras. da Pia Sociedade de S. Paulo, edições Paulus, adapt. Port., 1997.

[170] Fonte: http://www.wlb-stuttgart.de/bible/19_SAPIE/0586_587.JPG

Efectivamente, e tudo ponderado, parece que a tradução da Escola Bíblica de Jerusalém é mais fiel. Mas atentemos que novos problemas nos surgem. O primeiro, já suspeitado (até pelas versões em línguas diversas do citado trecho da *República*, de Platão[171]), é o das traduções, umas mais tingidas que outras do vocabulário cristão das virtudes. Por vezes, como vimos, *sobrietate(m)* vai ser traduzido por temperança, ao que não há nada de especial a objectar; mas *sapientia(m)* passará a Prudência, equivalência linguística já em si discutível, e mais problemática se tornando assim no contexto do nosso problema, pois novamente nos remete para o esquema de pensamento definidor de um quadro de virtudes (três ou quatro) determinadas por uma outra, ou por uma outra entidade, que ao mesmo tempo pode ser também virtude (primeiro a Justiça, no esquema 1+3, depois a Sabedoria – talvez por aquela auxiliada –, segundo a tradução que nos leva a 1+4, e agora a Sabedoria/Prudência, numa idêntica formulação).

Neste particular, não nos podemos esquecer que a origem de muitos equívocos poderá residir na influência (certamente contagiante nos meios biblistas) da polissemia da palavra hebraica "hokma" (tal como a "hikma" árabe), por contraposição à *sophia* e outras expressões gregas. Com efeito, *hokma* pode significar "pudência, regularidade de costumes, conformidade à moral, autodomínio, conhecimento dos homens e da vida", ou seja, "*sagesse*" (em francês)[172].

Outro aspecto, que parece também demonstrar a vontade dos tradutores de fazer caber o texto nos cânones doutrinais correntes, é a ausência de alusão à Fortaleza ou mesmo à Força no texto da Vulgata citado.

---

[171] A tradução portuguesa que citámos, assinala, como vimos, a *temperança*, a *coragem* e a *sabedoria*; a tradução francesa, da Bibioteca da Pléiade, da autoria de Léon Robin, igualmente considera a "tempérance", a "courage" e a "sagesse". Cf. PLATON, *Œuvres complètes*, I, trad. nova e notas de Léon Robin com a colaboração de M.-J. Moreau, Paris, Gallimard, 1950 (reimp. 1981), p. 999.

[172] Cf. ANDRÉ-MARIE GERARD, "Sagesse", *Dictionnaire de la Bible*, Paris, Laffont, 1989, p. 1221.

Todavia, ela aparece na nova versão da Vulgata:

«Et, si iustitiam quis diligit,
labores huius sunt virtutes:
sobrietatem enim et prudentiam docet,
iustitiam et fortitudinem,
quibus utilius nihil est in vita hominibus»[173].

Trata-se, ao que tudo indica, de uma versão mais fiel ao original, como se pode aquilatar pelo texto grego, a que, finalmente, tivemos acesso:

καὶ εἰ δικαιοσύνην ἀγαπᾷ
τις οἱ πόνοι ταύτης εἰσὶν ἀρεταί
σωφροσύνην γὰρ καὶ φρόνησιν
ἐκδιδάσκει δικαιοσύνην
καὶ ἀνδρείαν ὧν χρησιμώτερον
οὐδέν ἐστιν ἐν βίῳ ἀνθρώποις

"kai ei dikaiosunEn agapa tis hoi ponoi tautEs eisin aretai swphrosunEn gar kai phronEsin ekdidaskei dikaiosunEn kai andreian hwn chrEsimwteron ouden estin en biw anthrwpois"[174]

Em consequência: o original considera duas vezes a justiça (*dikaiosuné*), de onde faz derivar as virtudes (*aretai*): *sophrosuné, phronesis, dikaiosuné* e a *andreía*.

Parece-nos óbvio que as conotações de todo este vocabulário em grego são muito diferentes da sua adaptação cristã (embora a

---

[173] «Nova Vulgata Bibliorum Sacrirum Editio 'typica' «http://www.vatican.va/archive/bible/nova_vulgata/documents/nova-vulgata_index_lt.html
[174] http://www.geocities.com/Athens/Thebes/2600/

104 — *O Tímpano das Virtudes*

possam anunciar[175]). Por exemplo, a virtude *areté* é muito diferente da virtude virtuosa cristã que lhe passará a equivaler (como diversa será também da própria *virtù* renascentista[176]), e é evidente que a *andreía* significa muito mais valentia, coragem, virilidade (etimologicamente deriva de *homem*) do que a fortaleza virtude cardeal.

Todo ponderado, parece que S. Tomás, de quem diz a lenda sabia as Escrituras de cor, não terá sido muito fiel ao original. Mas não esqueçamos também que S. Tomás não sabia grego, dependendo sobretudo das traduções latinas do seu tempo, a que não tivemos acesso.

O projecto epistemológico de Tomás de Aquino no Tratado da Justiça

Voltemos a S. Tomás. Mesmo se o *sed contra* coloca tantos problemas, e se poderá constituir uma refutação menos forte da tese que se pretendia infirmar, a solução do artigo irá no sentido de considerar a Prudência uma virtude comparável ao sol, que a todos os corpos influencia, não deixando de ser virtude por às demais ajudar, em todas operando[177].

Todavia, a Prudência, aplicando princípios universais a questões particulares, não estabelece fins às virtudes, antes estes são determinados pela sindérese ou razão natural[178].

---

[175] Cf., *v.g.*, F. E. PETERS, *Greek Philosophical Terms. A Historical Lexicon*, 2ª ed., New York, New York University Press, 1974, trad. port. de Beatriz Rodrigues Barbosa, Prefácio de Miguel Baptista Pereira, *Termos Filosóficos Gregos. Um Léxico Histórico*, Lx., Gulbenkian, 1997, pp. 38-39.

[176] Cf., entre nós, *v.g.*, LUIS CABRAL DE MONCADA, *Filosofia do Direito e do Estado*, II vols., Coimbra, Coimbra Editora, I, 2.ª ed. 1953, p. 99 ss. (Maquiavel), p. 123 ss. (Jean Bodin).

[177] *IIa-IIæ, Q. 47, a. 5, s. 2.*

[178] *IIa-IIæ, Q. 47, a. 6, resp. e s. 1.*

Há inegavelmente uma afinidade entre a razão natural (sin-dérese), a Prudência e a Sabedoria, que colocam qualquer destas designações (sobre a correspondência a conceitos e ideias será uma questão a discutir) em boas condições para serem tidas como deter-minantes das virtudes. Variando, como é óbvio, a que título e em que medida as influenciem ou com elas se relacionem.

Passado em revista o Tratado da Justiça da *Summa*, fica solidi-ficada a ideia de uma divergência de S. Tomás face ao seu grande inspirador filosófico (a quem tantas vezes cita por antonomásia como "o Filósofo"), Aristóteles. Para aquele, a Justiça deixa de ser esse ponto fixo onde se ancoram as virtudes (tal como o era para Platão), para passar a ser uma virtude entre outras. A verdade é que, por um lado, S. Tomás não gostava dos juristas, a quem considerava ignorantes[179], e, por outro, na questão em apreço, Aristóteles é ainda muito platónico[180]. Mas essas não serão certamente razões válidas para a divergência.

O que sucede certamente é que Tomás de Aquino, ao falar aqui da virtude da Justiça, parece fazê-lo colocando-se já na senda (aliás propriamente aristotélica e depois romanística, segundo o legado específico do Estagirita) da determinação da Justiça no sentido jurí-dico, e não tanto no moral[181]. Dir-se-ia que o tratamento da justiça enquanto virtude não é senão uma preparação para o advento teórico da Justiça particular. Por isso, em nada contribuiria para o seu fim diluir a especificidade da Justiça particular nimbando-a de altos voos virtuosos, como síntese das virtudes, seu pressuposto ou con-

---

[179] Ou, pelo menos, dizendo coisas que mostram ignorância: *sicut ignoran-ter dicunt iuristæ*, GIUSEPPE GRANERIS, *Contribución tomista a la filosofía del derecho*, trad. cast. de Celina Ana Lértora Mendoza, Buenos Aires, Editorial Uni-versitaria de Buenos Aires, 1973, p. 11.

[180] Sobre o platonismo de Aristóteles em matérias conexas com o nosso presente tema, ALASDAIR MACINTYRE, Whose virtue? *Which Rationality?*, Lon-dres, Duchworth, 1988, p. 88 ss..

[181] Fá-lo, mais especificamente, em IIa-IIæ, Q. 58, máx. arts. 7 e 8. Dir-se--ia que o tratamento da justiça enquanto virtude não é senão uma preparação para o advento da Justiça particular.

dição, ou sua amálgama sincrética. Admitimos que esse objectivo (aliás perfeitamente conseguido, o que faz dele um "jurista laico"[182], ele que era religioso, e não gostava de juristas) tenha obrigado a não evidenciar aqui essa ideia, e a substituí-la, pelo menos em parte, pela prevalência (ainda assim não exageradamente explícita) da vizinha virtude da Prudência (*Iuris-Prudentia* é, não o esqueçamos, o nome dessa disciplina da Justiça em acção).

E é plausivelmente pelo desejo de cortar pela raiz com a síncrese epistémico-normativa do seu tempo (já antiga e duradoira, desde que as invasões bárbaras corroeram a malha do Império e fizeram olvidar as ideias límpidas dos juristas romanos), a que conviria uma confusão entre o moral (e o religioso) e o jurídico, que S. Tomás, em vez de aureolar a Justiça dessa primazia nas virtudes, começa logo o seu Tratado, totalmente ao invés, afirmando que o objecto da Justiça é o Direito: fazendo, pois, descer a Justiça do céu dos conceitos à vida real e concreta, institucional.

Poder-se-ia pensar que logo depois se arrepende deste imanentismo, por afirmar a existência, a par do direito positivo, de um direito natural. Nada de mais erróneo. A afirmação do Direito Natural (hoje tudo se compreende melhor, depois de tantas voltas de tantas teorias) é, pelo contrário, no plano do Direito, uma alternativa intra-sistemática, especificamente jurídica, à fundamentação moral ou religiosa do Direito[183]. Porque, evidentemente, a fundamentação

---

[182] MICHEL VILLEY, *Philosophie du Droit*, I. *Définitions et Fins du Droit*, 3.ª ed., Paris, Dalloz, 1982, p. 117 ss.; GUIDO FASSÒ, *San Tommaso giurista laico?*, in "Scritti de Filosofia del Diritto", a cura di E. Pattaro/Carla Faralli/G. Zucchini, Milano, Giuffrè, I, 1982, p. 379 ss..

[183] Por isso é que é perturbadora (dando que pensar, mas repugnando *prima facie*) a ideia da incompatibilidade entre um discurso intimista (privado e do tipo de *diário*) pessimista refugiando-se nos braços confortantes da divindade, e a afirmação pública do Direito Natural, enquanto teoria da justiça laica. Bem como a da pura e simples subordinação da visão pública à privada. Para o caso de Michel Villey, de quem saiu obra póstuma filosófico-diarística, cf. os comentários de BJARNE MELKEVIK, "Villey et la Philosophie du Droit: en lisant les Carnets", in *Réflexions sur la Philosophie du Droit*, Paris/Québec (?), l'Harmattan/Les Presses de l'Université Laval, 2000, máx. p. 122 ss.. No limite, uma religiosidade

na força, ou na simples política, não é fundamentação: mesmo a fundamentação ideológica é uma outra forma de legitimação moral, e, se a ideologia se torna credo dogmático (o que muitas vezes sucede) pouco diferirá da religião.

Ora o Aquinate sabia que o Direito, para valer, para ser justo (e o Direito é o que é justo[184]) precisa de um fundamento, e que se esse fundamento for religioso ou moral apenas corre o risco de se tranformar em "braço secular", arma ao serviço de ordens normativas que têm outras determinações e outras finalidades sociais e simbólicas. Daí a importância da distinção entre lei natural, de índole moral, e direito natural, pleno Direito já. Se não houver uma racionalidade jurídica autónoma face às religiões, e, embora jamais imoral, independente das morais, os conflitos normais entre Direito e moral[185] acabarão por resolver-se apenas por razões políticas, o que acabará por ser a forma mais imoral de serem solucionados.

Tinha sido um intuito semelhante o de Aristóteles ao propugnar a autonomia do jurídico, e ao dividir o Direito em natural e legal (ou positivo)[186] – e aí foram os Romanos buscar inspiração para operarem esse corte epistemológico e fundação institucional, que cindiu pela primeira vez na História a primeira função social dos indoeuropeus, a da soberania, separando o Direito das demais realidades do poder e do sagrado. O autor da *Summa* tinha a consciência da utilidade prática desta separação de gládios, e decerto não esqueceria também as diversas passagens do Evangelho em que Cristo aparta as coisas de César das coisas de Deus.

---

mística seria até incompatível com o próprio cultivar do Direito. Cremos, por isso, ser possível um pensamento público e um pensamento (ou sentimento) privado nem sempre coincidentes, embora concordantes, sem todavia existir qualquer subordinação do jurídico ao moral ou ao religioso.

[184] ISIDORO DE SEVILHA, *Etymol.*, V, 3; *Summa Theologiae, II-IIæ, Q. 57, a. 1, sed contra.*

[185] Cf., de entre muitos, KENT GREENAWALT, *Conflicts of Law and Morality*, Nova Iorque/Oxford, Oxford University Press, 1989.

[186] ARISTÓTELES, *Éticas a Nicómaco*, V, 1134 b) 18.

Negando Aristóteles, S. Tomás estava a ser genuinamente aristotélico. E Rafael, procurando neste aspecto um interessante ponto de concórdia entre Platão e Aristóteles, está ainda a ser, absolutamente, platónico[187].

Rafael, os Filósofos e o Direito

Rafael não tem certamente consciência da importância jusfilosófica do napolitano e da sua concórdia com o Aristóteles não platónico, o *verdadeiro* Aristóteles. Significativamente, coloca o *Anjo das Escolas* nem sequer na parede filosófico-sapiencial, e muito menos na parede da Justiça (convenhamos que poderia tê-lo repetido, como faz a Dante, presente quer na Teologia, quer no Parnaso), mas no fresco da *Disputa*.

Aristóteles, amigo de Platão mas mais da Verdade, parece concordar com seu mestre na tese de que a Justiça é uma disposição ou hábito dos homens para levar a cabo acções justas[188]. Mas o Estagirita não se fica pela polissemia da palavra Justiça, nem se deixa aprisionar na teia das complexidades da homonímia[189]. Por isso, e muito ao contrário de Platão (não sem alguma razão já acusado de defensor de uma "justiça totalitária"[190]), o filósofo do Liceu distingue a justiça universal da justiça particular, mas é nesta última, objecto do Direito, que se concentra[191]. Quando cita Teógnis na sua identificação da justiça universal com todas as virtudes, ou com a

---

[187] Veremos *infra*, *sub* "Concórdias", mais claramente, que mesmo o projecto epistemológico de S. Tomás não rompeu inteiramente com a primazia da Justiça, apenas a re-contextualizou.

[188] ARISTÓTELES, *Éticas a Nicómaco*, V, 1. 1129 a).

[189] *Ibidem*, V, 2, 1129 a) *in fine*.

[190] Essa era a tese, todavia ulteriormente matizada e moderada, de KARL POPPER, *The Open society and its enemies*, trad. bras. *A Sociedade Aberta e seus inimigos*, Belo Horizonte, Ed. Univ. de S. Paulo/Editora Itatiaia, I, 1974, máx. p. 100 ss..

[191] *Ibidem*, V, 2 ss..

totalidade das virtudes[192], parece ser ainda bastante platónico. Contudo, o que de inovador procura é essa outra Justiça, que é apenas uma parte da virtude em geral, ou seja, a justiça particular[193]. E essa justiça particular é a que sobretudo interessa ao Direito, e que lhe dá diferença específica[194].

A Justiça jurídica é uma depuração intelectual da perspectiva ética das virtudes. Não deixando de a elas fazer apelo na medida em que delas necessita o homem justo, único reduto e garante da aplicação recta da Justiça, e porquanto filosoficamente podem elas inspirar o direito positivo, a Justiça particular ou jurídica autonomizou-se com fins e perspectivas próprias, que se destacam dos termos morais correntes, e também dos políticos. A purificação assim operada, embora jamais inteiramente alcançada, visa a constituição de um mínimo denominador comum de convivência social, livre da álea do poder e da valoração excessivamente exigente ou farisaica do moralismo dominante.

Assim, pôde surgir o verdadeiro Direito. E ao mesmo tempo que, em baixo, se celebra o Direito escrito e compilado, nesta velada desocultação filosófica se celebra também, e principalmente, o nascimento de todo o Direito, o *Ius redigere in artem*. O qual, de forma caleidoscópica, também se pode ver à luz do outro lado da sala, nas figuras serenas dos celebrados Platão e Aristóteles, primeiros grandes filósofos do Direito.

Onde se vê, então, essa Justiça particular, na obra de Rafael?

Não, decerto, pela importância dada ao Direito, que figura em frescos laterais e de execução alheia. Nem a sua fundamentação é autónoma, já que não vislumbramos – e isso poderia espantar

---

[192] *Ibidem*, V, 3, 1129 b) *in fine*.

[193] *Ibidem*, V, 4, 1130 a).

[194] A título ilustrativo: muito significativa diferença entre os dois tipos de justiça parece ocorrer entre a primeira e a segunda partes do tratamento do tema em PETER T. GEACH, *Las Virtudes*, pp. 139-150 (justiça como virtude em geral, embora entrando já na ideia de *"pacta sunt servanda"*); pp. 151-156 (justiça particular, jurídica, embora vista de um ângulo filosófico, e sem enjeitar a perspectiva ética e religiosa que a todo o trabalho inspira).

alguns, mas erroneamente – qualquer alusão à dualidade una entre direito natural e direito positivo. Significativamente, a dualidade é entre direito civil e direito canónico, porque a fundamentação de ambos não é ainda jurídica, mas ética: e da ética (com sincretismo com o jurídico, evidentemente) e até de religião trata o fresco superior, das virtudes: também elas cardeais e teologais.

Desde logo, e novamente, a Justiça particular pode ainda (mas a custo) detectar-se pela ausência: não há venda na Justiça do tecto, e isso significa que se não cede a uma mascarada politizada, nem é portadora de um globo, não sacrificando assim à sua subordinação ao poder; as virtudes, mesmo as teologais, são laicizadas e despolitizadas: a Fé está desprovida de cálice e cruz, e a Esperança não reza. É uma tentativa digna de um Humanista, mas que esqueceu que a Alta Idade Média (para não falar na Antiguidade) já havia dado um passo muito em frente.

De qualquer modo, têm estes símbolos que ser submetidos a uma dupla leitura, mesmo ao nível mais profundo: uma leitura para a perspectiva ético-religiosa, e uma leitura, que naquela não encontra qualquer obstáculo, para o Direito na visão aristotélica, um Direito tanto quanto possível purificado de influências exógenas, morais, religiosas, políticas. Ou, se preferirmos, um Direito com uma palavra a dizer na política e na ética, e que, se é cultivado por sacerdotes, como afirma Ulpiano, há-de ser de algum modo religião. Mas nunca olvidemos que o aristotelismo de Rafael é incompleto, é como a figura de Tomás de Aquino na *Disputa*: uma reverência decorativa, e pouco mais.

Mas se concedermos a Rafael o beneficio da dúvida, em homenagem ao lugar central que o Estagirita ocupa na "Escola de Atenas", poderemos ainda fazer uma *recuperação* das virtudes.

As virtudes cardeais e teologais podem assim passar a ser vistas também como virtudes jurídicas ou do jurista: e quem poderá negar que, além da Justiça, e da Prudência, as duas tidas como mais abrangentes, e que aos juristas naturalmente se atribuem, precisam eles também da Fortaleza e da Temperança? E, mesmo que o seu céu se encontre vazio e silencioso, quem negará, sobretudo hoje, tempo

Textos   111

de tão vasto deserto e aridez de ideais, que é preciso, para haver justiça, não só o amor ao próximo que outrora foi (*plutôt mal que bien*) traduzido por *Caritas*, mas também muita Fé e muita Esperança?

As Virtudes e as Teorias da Justiça

É deveras estimulante pensar como hoje, depois de algum desconforto com o direito natural tradicional, mas também em tempos de superação do positivismo jurídico monista e sufocante[195], não poucos percorram os caminhos de uma Teoria da Justiça, como única forma de encontrar esse ponto fixo por que o Arquimedes jurídico tanto almeja: a legitimidade.

Ora para todos os que não desejem voltar a Aristóteles, aos Romanos e a S. Tomás um caminho se impõe, até porque todos os caminhos vão dar a Roma: demandem a *Stanza della Segnatura*, e nesse microcosmos utópico, redescubram, se puderem (e é bom que possam) a velha e nova lição de um Rafael filósofo do Direito: se não há Direito positivo sem fundamento na Justiça, ela só pode ser acessível (não passando pelo Direito Natural) pelo caminho das virtudes.

Eis um desafio para um tempo que, depois do profeta do *Para além do Bem e do mal*, fez já questão em se dizer pós-virtuoso[196]. Como não recordar as palavras elegantes mas doloridas de Paul

---

[195] Cf. o nosso *Entre a Superação do Positivismo e o Desconforto com o Direito Natural Tradicional*, in *História do Pensamento Filosófico Português*, dir. de Pedro Calafate, vol. V, tomo 2, Lx., Caminho, 2000, p. 58 ss., hoje actualizado e desenvolvido em "Faces da Justiça na Filosofia Jurídica Portuguesa Contemporânea", *Faces da Justiça*, pp. 193-212, e mais actualizado ainda em *Da Filosofia Jurídica Contemporânea em Portugal*, in "Valor Justiça", www.valor-justiça.com; e também in "Revista Telemática de Filosofía del Derecho", http://www.filosofiayderecho.com/rtfd/numero6/portugal.htm.

[196] ALASDAIR MACINTYRE, *After Virtue. A Study in Moral Theory*, reed., Londres, Duchworth, 1985.

Valéry na Academia, espécie de duplo francês do nosso fresco dito "de Atenas", palavras que, evidentemente, não deixaram Pieper indiferente[197]?

"VERTU Messieurs, ce mot Vertu est mort, ou, du moins, il se meurt. Vertu ne se dit plus qu'à peine. Aux esprits d'aujourd'hui, il ne vient plus s'offrir de soi, comme une expression spontanée de la pensée d'une réalité actuelle. Il n'est plus un de ces éléments immédiats du vocabulaire vivant en nous, dont la facilité et la fréquence manifestent les véritables exigences de notre sensibilité et de notre intellect. (…) Quant à moi, je l'avoue – je me risque à vous en faire l'aveu – je ne l'ai jamais entendu… Ou plutôt, ce qui est bien plus grave, je ne l'ai jamais entendu que remarquablement rare et toujours ironiquement dit, dans les propos du monde (…)"[198]

E mais adiante, apostrofando os seus pares académicos:

"Interrogez votre expérience. Consultez vos souvenirs. Faites autour de vous votre statistique. Demandez-vous à vousmêmes si vertu vous viendrait aux lèvres, ou sous la plume,

---

[197] O Autor cita um pequeno trecho deste discurso logo na introdução do seu tratado sobre o tema: JOSEF PIEPER, *Las Virtudes Fundamentales*, 4.ª ed. cast., Madrid, Rialp, 1990, p. 14. Curiosamente – mais uma das costumadas surpresas propiciadas pela consulta directa das fontes – o texto de Pieper não coincide com o da edição da Pléiade das *Obras* de Paul Valéry. Independentemente de uma ou outra *nuance* na tradução, que é da plena liberdade do tradutor, o que é mais curioso é faltar no texto da Pléiade o correspondente francês desta passagem, que deveria vir quase logo após o primeiro trecho por nós citado, a qual é de uma contundência exemplar: "Se ha llegado a tal extremo, que las palabras 'virtud' y 'virtuoso' sólo pueden encontrarse en el catecismo, en la farsa, en la Academia y en la opereta". Uma espécie de resgate (ou contra-ataque, mas esta expressão e esta ideia não seria do agrado do pensamentodo autor, superador do dialéctico) das virtudes encontra-se sobretudo na parte final desse fascinante livro que é o de GUSTAVO CORÇÃO, *A Descoberta do Outro*, décima ed. (1.ª 1943), Rio de Janeiro, Agir, 2000.

[198] PAUL VALÉRY, "Rapport sur les prix de vertu", in *Œuvres*, I, ed. estabelecida e anotada por Jean Hytier, Paris, Gallimard, 1957, pp. 939-940.

Textos 113

sans quelque effort de circonstance; et, pour tout dire, sans quelque obscure sensation de n'être pas tout à fait sincères, ni tout à fait de votre temps."[199]

O que diria Valéry da virtude no tempo presente!

Por isso é que muitas das hodiernas Teorias da Justiça, como, por exemplo, as muito celebradas visões de Rawls, Luhmann ou Habermas[200], acabam por se consubstanciar em formalismos ou na aplicação de visões mais ou menos rebuscadas do utilitarismo.

O primeiro, recuperando à sua maneira a ideia utilitarista d'"a maior felicidade do maior número"[201] e velando com o véu de igno-rância numa posição originária o que são os interesses e a posição concreta de cada um, hoje, para que ficcione as normas gerais uni-versalmente válidas. Artifício interessante para um novo "não faças aos outros…", mas, valha a verdade, desapontador.

O segundo, não conseguindo encontrar outro ponto fixo para erguer a alavanca do Direito senão a legitimação pelo procedimento, sem curar de conteúdos. Formalismo e sociologismo extremos.

O terceiro, mais prolífico e mais prolixo, atirando-nos para a galáxia comunicativa, submergindo no discurso e no consenso a valoração, sem a qual pode haver acordo, mas não há nem verdade, nem bem… nem sequer belo. Pelo menos não necessariamente.

---

[199] PAUL VALÉRY, "Rapport sur les prix de vertu", in *OEuvres*, I, pp. 940-941.

[200] Sobre estes autores, e com abundantes referências bibliográficas, cf. o último capítulo do nosso *Constituição, Direito e Utopia. Do Jurídico-Constitu-cional nas Utopias Políticas*, Coimbra, 'Studia Iuridica', Boletim da Faculdade de Direito, Universidade de Coimbra/Coimbra Editora, 1996, p. 409 ss..

[201] Cf. uma interessante crítica deste postulado *in* PETER T. GEACH, *The Vir-tues*, Cambridge, Cambridge University Press, 1977, trad. cast. e apresentação de Jorge V. Arregui e Carlos Rodríguez Luesma, *Las Virtudes*, Pamplona, EUNSA, 1993, p. 122 ss..

Concordia

Se a fundamentação do Direito aguarda, como Arquimedes, quem consiga prescindir do Direito Natural, da moral e da religião (ou da ideologia) ao mesmo tempo, sem cair numa simples legitimação da pura força e do nu poder, já a concórdia das virtudes e de Platão com Aristóteles talvez possa ainda salvar-se, dando a Rafael os louros de uma brilhante intuição e de um meritório esforço de irenismo filosófico.

Na verdade, *everything old is new again*: e a solução encontrá-la-emos num mais antigo estudo de Pieper, esse precisamente em que se impressionara com o discurso de Valéry. Nessa obra, Pieper insurge-se contra a tendência teológica do nosso tempo em olvidar a Prudência, citando o dominicano Larrigou-Lagrange, que (já nos anos 20 do século passado) se escandalizava também com o pouco lugar concedido na teologia moral ao que considerava ser a "principal das virtudes cardeais"[202]. Há, aqui, pois, pelo menos em alguma medida, uma tentativa de endireitar distorções doutrinais, e, por isso, é natural que se enfatize o que se tem por minimizado. Esta uma primeira, ainda que não decisiva, explicação.

Além do intuito polémico e de resgate da ortodoxia, na sobrevalorização da Prudência vai envolvida a ideia de que ela é um ponto central na antropologia cristã-ocidental, em que o ser precede a verdade, e a verdade se antecipa ao bem[203]. Sendo certamente a Prudência em boa medida investigação e ponderação sobre o ser e a verdade, precedendo o bem, que mais próximo estaria da Justiça. Além disso, se o ser precede a verdade, a verdade está antes da Justiça também: *Deus, qui errantibus, ut in viam possint redire iustitiae, veritatis tuæ lumen ostendis*, cita também o erudito autor[204].

---

[202] JOSEF PIEPER, *Las Virtudes Fundamentales*, máx. pp. 36-37.

[203] JOSEF PIEPER, *Las Virtudes Fundamentales*, p. 34.

[204] Oração do terceiro domingo depois da Ressureição, *apud* JOSEF PIEPER, *Las Virtudes Fundamentales*, p. 40. Novas surpresas nos surgem no confronto com os textos, originais ou traduzidos. Na verdade, encontramos no *Missal Popular 1* (org. Valentim Marques, com *copyright* da Conferência Episcopal Por-

Daqui se vê que o contexto da elevação da Prudência ou da Justiça depende, em boa medida, de uma questão religiosa, ou de filosofia a que preside um credo. Tanto Platão como Aristóteles se encontravam, obviamente, desobrigados face a esta visão do Ser e do Homem, o que não é o caso dos filósofos católicos. No fundo, ambos eram fiéis aos ensinamentos socráticos que distinguiam a *sophia* (sabedoria que não é bem a Prudência: e este facto tem muita relevância), a *sophrosyné* (que também não será exactamente a temperança), a *andria* (força ou coragem, que não parece ser a Fortaleza cristã) e a *dikaiosyne* (justiça: a pôr também alguns problemas de tradução), que a todas as demais sintetiza harmonicamente[205].

A intuição ou a inspiração de Rafael acabariam por plasmar em imagens muito consensuais o que acaba por ser a complexidade da teoria da prevalência das virtudes para a dogmática católica, que é, afinal, a de S. Tomás, actualizada, na circunstância, pelo comentador contemporâneo que elegemos, Pieper. E no fundo não há (nem poderia haver) divergência essencial entre este e aquele.

Por isso, de novo voltemos a S. Tomás, sem deixar de relancear o tratado do filósofo alemão.

O adestramento do Aquinate na arte da dialéctica fá-lo ser capaz de jogar fecundamente com as antinomias, propiciando, pelo *distinguo* e por outras formas de discernimento das subtilezas dos

---

tuguesa para os textos litúrgicos, vol. I. *Dominical*, 5.ª ed., Coimbra, Gráfica de Coimbra, 1994) em vigor, o seguinte salmo responsorial para o III Domingo de Páscoa, ano B (pp. 453-454): "Fazei brilhar sobre nós, Senhor,/ a luz do vosso rosto. Repete-se/. Quando Vos invocar, ouvi-me, ó Deus de justiça./ Vós que na tribulação me tendes protegido,/ compadecei-Vos de mim/ e ouvi a minha súplica. Refrão/Sabei que o Senhor faz maravilhas pelos seus amigos,/o Senhor me atende quando O invoco./Refrão/ Muitos dizem: 'Quem nos fará felizes?'/Fazei brilhar sobre nós, Senhor, a luz da vossa face./Refrão/ Em paz me deito e adormeço tranquilo,/ porque só Vós, Senhor,/ me fazeis repousar em segurança." Será o mesmo texto? Terá havido uma adaptação do texto inicial? O nosso conhecimento das referências bíblicas e litúrgicas não nos permite mais que apresentar aqui os dois, que a qualquer leigo apresentam evidentes semelhanças e significativas diferenças, com importância para a estratégia discursiva em apreço.

[205] Cf. a sempre admirável síntese de G. LAHR, *História da Filosofia*, p. 19.

opostos, vias de compatibilização do compatível, além, como é claro, da aceitação e da rejeição do que se não possa sintetizar. Apesar da principal *démarche* do Tratado da Justiça ser o reencontro do Direito consigo mesmo (única forma de servir a Virtude), a implicar a obnubilação da Justiça enquanto estrela-guia ou síntese das virtudes, para a concentrar em coisas mais específicas, nem por isso Tomás deixa de lhe prestar a devida homenagem e de a colocar em lugar cimeiro.

É certo que, como vimos, a Prudência é comparada a esse corpo, o sol, que ilumina e influencia todos os demais corpos (aqui se precisaria, *cum grano salis*, "sub-solares"), mas também se recorda de outra imagem astronómica equivalente, para a Justiça, que Aristóteles recorda:

"A mais resplandecente das virtudes parece ser a Justiça e nem a estrela da noite nem a da manhã são tão admiráveis"[206].

Assim como não deixara de citar Cícero, em sentido idêntico, poucas linhas antes:

"É na justiça que a virtude brilha com o seu mais vivo esplendor; porque é por ela que os homens são chamados bons"[207].

O esclarecimento cabal do problema reside num conjunto de distinções conceptuais, que servem o projecto do autor.

Apesar das aparentes debilidades lógicas da formulação e do peso das autoridades teológicas em contrário, Tomás pretende aderir àquela que considera como sendo a definição de Justiça dos juristas (na verdade, a de Ulpiano, recolhida no Digesto): como *constante e perpétua vontade de atribuir a cada um o que é seu*[208]. Tal é fundamental para a laicização e autonomização epistemológica do Direito.

---

[206] *IIa-IIæ, Q. 58, a. 12, respondeo.*
[207] *IIa-IIæ, Q. 58, a. 12, sed contra.*
[208] *IIa-IIæ, Q. 58, a. 1, obj., 1 et sq.*

Partindo do género próximo para a determinação da diferença específica, S. Tomás começa por definir o lugar da Justiça entre as virtudes. Com base apenas em S. Gregório[209] (no *sed contra*) e subsidiariamente em Cícero, à partida estabelece que a Justiça é uma virtude, e uma das quatro virtudes[210]. Depois, deixando tacitamente expressa a diferença face à Fortaleza e à Temperança, prova que a Justiça, sendo apetitiva e não sensível, reside na inteligência ou razão, e é acto de vontade (apetite da razão), e consequentemente virtude moral[211]. E só então se passa à apreciação directa da perspectiva aristotélica (e platónica) para a qual "a justiça é toda a virtude" e "não parte da virtude"[212] ou o conjunto das virtudes, ou uma virtude geral.

As palavras do Aquinate serão sempre mais explícitas que qualquer glosa (pois se cada artigo foi considerado "um milagre"![213]):

"(…) Desta forma, os actos de todas as virtudes podem relevar da justiça na medida em que esta ordene o homem ao bem comum. E, neste sentido, a justiça é uma virtude geral.(…)"[214]

---

[209] *Moral*, II, 49.

[210] *IIa-IIæ, Q. 58, a. 3.*

[211] *IIa-IIæ, Q. 58, a. 4.*

[212] ARISTÓTELES, *Éticas a Nicómaco*, V, 3 – 1130 a) 9.

[213] A referência é corrente, e atribuída ao Papa que o canonizou, João XXII (apenas cinquenta anos depois da sua morte, em 18 de Julho de 1323; rapidez de canonização, porém, ultrapassada por Fernando de Bulhões, o nosso (e paduano) Santo António, que, por isso, figura no *Guiness book*). Cf., *v.g.*, um curioso texto onde pode ver-se tal referência, entre muitos: ALLYRIO GOMES DE MELLO, *A Maneira Literária e a Maneira Filosófica do Doutor Angélico*, Coimbra, Tip. da Gráfica Conimbricense, 1924, p. 9. Sobre o problema geral da canonização e o seu processo em concreto, cf. JOSEF PIEPER, *Einfuehrung zu Thomas von Aquin. Zwoelf Vorlesungen*, Munique, Koesel, trad. cast. (agrupando um estudo sobre a escolástica), *Filosofía Medieval y Mundo Moderno*, 2.ª ed., Madrid, Rialp, 1979, p. 223 ss..

[214] *IIa-IIæ, Q. 58, a. 5, respondeo.*

Concluindo:

"Não é enquanto (estivemos tentado a traduzir: "na veste de") virtude geral que a justiça é enumerada entre as outras virtudes, mas enquanto virtude especial, como iremos ver"[215].

E voltando, agora explicitamente, à comparação entre as três virtudes morais, esclarece, elevando a Justiça de entre elas:

"A temperança e a força têm a sua sede no apetite sensível, quer dizer, no concupiscível e no irascível. Estas potências desejam bens particulares, do mesmo modo que os sentidos não conhecem senão o individual. Pelo contrário, a justiça tem por sede o apetite intelectual, que pode projectar-se sobre o bem universal captado pela inteligência. Esta é a razão pela qual a justiça pode ser uma virtude geral mais que a temperança e a força."[216]

O problema seguinte, aqui chegados, é o de saber se a justiça como virtude geral se confunde com as demais. Uma primeira pista é Aristóteles. Com efeito, afirma o Filósofo que a virtude dum homem bom não é pura e simplesmente a virtude dum bom cidadão[217]. Mas, muito curiosamente, para explicar um dos sentidos em que pode considerar-se a Justiça virtude geral, vai retomar S. Tomás a imagem astronómica que houvera já utilizado para a Prudência: o sol ilumina e transforma todos os corpos pela sua potência, sem se identificar com tais corpos, já que a causa e os efeitos não têm a mesma essência[218].

Fica assim esclarecido, pela forma mais cabal (similitude de imagens – embora *omnis comparatio claudicat*), que a Justiça é virtude geral ao mesmo título que a Prudência. Embora a Justiça ape-

---

[215] *IIa-IIæ, Q. 58, a. 5, sol. 1.*

[216] *IIa-IIæ, Q. 58, a.5, sol. 2.*

[217] Aristóteles, *Éticas a Nicómaco*, V, 3 – 1130 a 8 ss..

[218] *IIa-IIæ, Q. 58, a.6, respondeo.*

nas seja a mais excelente das virtudes morais[219]. Mas S. Tomás vai mais longe. E chega ao ponto de considerar que a própria justiça particular "ultrapassa em excelência as outras virtudes morais"[220], porquanto, em suma, a justiça particular produz bem nos outros, e a temperança e a fortaleza produzem apenas bem no sujeito.

Isto é dito no artigo final da questão 58, sobre a Justiça, e é uma conclusão relevantíssima no trânsito da moral individual para o Direito, concebido como uma espécie de ética social mínima. O projecto epistemológico estava terminado.

Tudo reside, quanto à precedência, na distinção, seguindo aliás Aristóteles[221], entre virtudes morais em sentido estrito e virtudes intelectuais, ou dianoéticas. Estas últimas estão vocacionadas precisamente para fornecer ao Homem os instrumentos captadores da verdade: o entendimento, a ciência, a arte, a prudência e a sabedoria.

S. Tomás afirma a Prudência como virtude intelectual pela sua essência[222], considera que "a virtude moral pode existir sem certas virtudes intelectuais, por exemplo, a sabedoria, a ciência e a arte, mas não sem a prudência"[223], do mesmo modo que "as demais virtudes intelectuais podem existir sem a virtude moral, mas não a prudência"[224]. Esta centralidade e dependência das demais virtudes face à Prudência não ocorre em relação à Justiça, que não é uma virtude intelectual, aliás:

> "(...) não nos chamam justos pelo facto de que conheçamos alguma coisa com exactidão. Ela [a Justiça, subentende-se] não tem assim a sua sede na inteligência ou na razão, que é uma faculdade de conhecimento. Mas porque somos chamados jus-

---

[219] IIa-IIæ, Q. 58, a.12, respondeo.

[220] IIa-IIæ, Q. 58, a.12, respondeo.

[221] II-IIæ, Q. 58, a. 3, sed contra, citando ARISTÓTELES, Éticas a Nicómaco, II, 1 (1103 a 14).

[222] II-IIæ, Q. 58, a. 3, s. 1.

[223] II-IIæ, Q. 58, a. 4, respondeo.

[224] II-IIæ, Q. 58, a. 5, respondeo.

tos pelo facto de que façamos qualquer coisa com rectidão, e porque é o apetite que é o princípio próximo de um acto, é necessário que a justiça tenha a sua sede numa potência apetitiva"[225].

A preeminência da Prudência e a da Justiça não são, assim, do mesmo tipo, nem se exercem sobre as mesmas virtudes. A da Prudência extende-se a todas as virtudes morais, porque os apetites, mesmo os da Justiça, têm de ser controlados pela razão. A da Justiça não significa controlo ou determinação da Temperança e da Fortaleza, mas apenas maior universalização, mais importância. De entre as virtudes morais (apetitivas, afinal), a Justiça é (também para Pieper[226]) a virtude suprema. Apenas não se sobrepõe à Prudência, porque esta está na ordem do ser e da verdade, e tem, assim, uma dimensão intelectual e factual de que, como vimos, carece a própria Justiça para não ser afinal cega, porque não conhecendo o caminho que pisa. Uma Justiça imprudente parece ser, afinal, aquela que se critica com a pantomina de vendar a deusa.

Ora é o momento de voltar a casa, à *Stanza della Segnatura*. *Wohin gehen Wir? Immer nach Hause*.. Pois bem. Rafiel, sendo platónico e não tomista, coloca a Justiça no céu, no tecto. Mas não a venda, pelo contrário a representa olhando para baixo, para as virtudes, e como ambas estão no eixo central da parede, decerto, melhor e antes das demais, verá a Prudência.

Acresce que a Justiça não se encontra ao lado das demais virtudes morais *stricto sensu*, mas a Prudência está como que entronizada, num plano superior, e ocupa o centro da respectiva composição. Este facto compositivo espelha muito adequadamente a dependência das demais virtudes face à Prudência, e a necessidade de esta se exercer por aquelas, tal como dissemos.

---

225 *Ia-IIæ, Q. 58, a. 4, respondeo*.

226 Muito explicitamente, neste sentido, JOSEF PIEPER. *Las Virtudes Fundamentales*, p. 113.

Digamos que Rafael, que (recordemo-lo) não pretendia pintar as virtudes em si, mas sobretudo a Justiça, fiel à sua inspiração filosófica, platónico-aristotélica, acabou por não menosprezar a corrente de inspiração cristã e tomista, sem contudo a fazer prevalecer. E é curioso que não tenha cedido totalmente ao primado da Prudência, apesar de tudo muito em voga no Renascimento, tendo então o homem sábio sido identificado pelos humanistas com *o prudente*, e ocasião para muitas divisas e emblemas enaltecendo tal virtude[227]. Tudo viria a culminar com a célebre alegoria da Prudência de Ticiano[228].

Ainda as Virtudes

O recurso, aliás extenso, à doutrina do Doutor Comum para compreender melhor a composição da Justiça na *Stanza della Segnatura* parece justificar-se pelo facto de, apesar do platonismo envolvente da época e do grupo sócio-cultural em que Rafael se movia e para quem trabalhava, a doutrina tomista (e por via dela aristotélica) ter um curso vital, precisamente nos meios eclesiásticos. Seria certamente um contraponto que não seria legítimo desconhecer.

Como poderiam ver olhos ulteriores este problema, à luz de novas teorias sobre as virtudes? Questão complexa, mas inevitável.

As virtudes, ainda de mau e irónico uso, como assinalava Valéry, vão hoje recuperando lentamentamente, e em algumas bolsas sociais, balbuciando de novo em sociolectos localizados. Uns, são apenas fundamentalistas e revivalistas de realidades com sabor puritano que quiçá nunca existiram. Mas outros são esforços sérios e intelectualmente interessantes de recolocar os problemas da Ética.

---

[227] Santiago Sebastián, *Emblemática e História del Arte*, Madrid, Cátedra, 1995, p. 305 ss..

[228] Cf. Erwin Panofsky, "A 'Alegoria da Prudência' de Ticiano: um Post-Scriptum", in *O Significado nas Artes Visuais*, p. 101 ss..

122 O Tímpano das Virtudes

Acrescem ainda os que apenas têm intelecto sem prudência e sem alma, e daí só provêm utopias descabeladas de sinistras consequências quando postas em prática.

De entre todos, cabe uma palavra para uns quantos, mais ao sabor das predilecções do nosso espírito que ao rigoroso inventário dos contributos possíveis.

André Comte Sponville, que, embora de todo retire as virtudes quer da órbitra clássica, quer da tomista, com estilo elegante e com recta intenção expõe, num humanismo moderno, uma longa lista de virtudes, maiores e menores, mas de que estão ausentes, evidentemente, as teologais.

A sua erudição é mais filosófica que jurídica ou jusfilosófica, pelo que as suas reflexões sobre esta virtude resultam para nós um tanto singulares, embora não deixem de ser estimulantes[229].

Não podemos, obviamente, compulsar aqui todo o seu pensamento, que é vivo e fecundo, mas que se põe em guarda contra as absolutizações, mesmo as éticas, pelo que pode também voltar-se contra si próprio. Por exemplo, termina assim o capítulo sobre a Prudência que comentaremos interpolando:

---

[229] A mais estranha acaba ainda por ser a (estamos em crer que apenas aparente) atribuição a Espinosa da concepção de justiça *suum cuique tribuere*, referida a propósito da Generosidade. Cf. ANDRÉ COMTE-SPONVILLE, *Petit Traité des Grandes Vertues*, Paris, P.U.F., 1995, trad. port. de Maria Bragança, *Pequeno Tratado das Grandes Virtudes*, Lx., Presença, 1995, p. 95. A primeira impressão fica, porém, matizada com o reenvio para a p. 82, onde se cita Espinosa numa formulação algo distinta. O mesmo talvez se não possa dizer de uma das poucas obras portuguesas recentes que sobre as virtudes versam, na qual se afirma explicitamente: "Mas talvez a definição mais bela e mais exacta de justiça se deva a Santo Agostinho: a justiça é a virtude que dá a cada um aquilo que lhe é devido". Cf. RAMIRO MARQUES, *O Livro das Virtudes de Sempre*, Porto, Asa, 2000, p. 103. Curiosamente, a atribuição do *suum cuique* ao bispo de Hipona pode ver-se ainda numa pergunta de Jean-Jacques Antier a Jean Guitton *in* JEAN GUITTON/JEAN JACQUES ANTIER, *Le livre de la sagesse et de vertues retrouvées*, Paris, Perrin, 1998, trad. port. de Francisco Custódio Marques, *O Livro as Sabedoria e das Virtudes Reencontradas*, Lx., Editorial Notícias, 1999, p. 140.

Textos 123

"Moral sem prudência [dizemos nós: como pudesse isso existir!] é moral vã e perigosa. *'Caute'*, dizia Espinoza: 'Desconfia'. É a máxima da prudência [diríamos antes que é o princípio da retracção e talvez condição de um género de sagacidade], e devemos desconfiar também da moral quando negligencia os seus limites ou as suas incertezas [aqui fala, certamente, de uma moral que lhe não é agradável]. (...) Em suma: a moral não basta à virtude: também a inteligência e a lucidez são necessárias [afirmação que não teria qualquer sentido, se adoptassemos o sistema de S. Tomás]. O humor recorda-o, a prudência prescreve-o [pois: evidentemente]. É imprudente dar ouvidos apenas à moral, e é imoral ser imprudente."[230]

Registamos, nestes tempos de barbárie, uma nova hierarquia de virtudes, com um novo elenco delas, de resto[231]:

"A polidez é a origem das virtudes; a fidelidade o seu princípio; a prudência a sua condição"[232].

Caso para dizer, contemplando o espectáculo do mundo de hoje: *leges bonæ ex malis moribus procreantur*[233].

Ora cumpre dizer que mesmo nesta versão, e quanto à primeira das novas virtudes, Rafael não ficaria mal, não só pessoalmente, como na própria *Stanza*, em que por delicadeza pintou notáveis e colegas.

---

[230] ANDRÉ COMTE-SPONVILLE, *Petit Traité des Grandes Vertues*, p. 45.

[231] Sobre a polidez, cf. AA. VV., *La Politesse*, Paris, Autrement, 1991, trad. port. de Vanda Anastácio, *A Delicadeza. A virtude das aparências*, Lx., Difel, 1992; sobre a Fidelidade, AA. VV., *La Fidélité*, Paris, Autrement, 1991, trad. port. de Carlos Martins Pereira, *A Fidelidade. Um Horizonte, uma Troca, uma Memória*, Lx., Difel, 1992.

[232] ANDRÉ COMTE-SPONVILLE, *Petit Traité des Grandes Vertues*, Paris, P.U.F., 1995, trad. port. de Maria Bragança, *Pequeno Tratado das Grandes Virtudes*, Lx., Presença, 1995, p. 37. Cf. tb. p. 17.

[233] Cf., *inter alia*, MACRÓBIO, *Saturnalia*, 3, 17, 10.

Voltando atrás no tempo, recordamos o *Propos* das quatro virtudes de Alain. Aí o espírito é clássico, mas a forma, cativante, totalmente nova. A concisão faz sobressair as antinomias e os recortes.

Focalizemos também num ponto: a Prudência, apresentada, à grega, como *"Sagesse"*, é a principal das quatro, embora a Justiça prevaleça sobre as demais do âmbito sensual, porquanto, por exemplo, "(…) un homme moyen est plus attentif à prouver son courage qu'à prouver sa justice; ce qui explique en partie ce paradoxe, que l'homme donne plus aisément sa vie que son argent"[234].

Já que as paixões cegam, a *Sagesse* aí está para manter o espírito claro, bem discernir, esclarecer a vontade, compreender as propostas alheias, e traçar um rumo próprio. A *Sagesse* é a tira-vendas. Ao não pôr venda na sua Justiça, Rafael dotou-a de *sagesse*: já o vimos. E este ponto esclarece melhor que o pintor se firme numa Justiça isolada e superior a tudo: é que essa *Jurisprudentia* é na verdade *Juris-prudentia*, e engloba, por isso, pelo menos uma parte de *prudentia*.

Outros autores se poderia citar. Mas se felizmente há uma corrente humanista laica[235] que, além da de inspiração tomista, ou em geral religiosa, aprofunda nos nossos dias estes problemas, outros autores que se reportam a questões éticas esqueceram por completo estes conceitos, e até mesmo a própria linguagem.

É por exemplo sintomático que, o índice analítico da *Ética Prática* do conhecido defensor dos "direitos dos animais" Peter Singer não contenha as palavras *virtude, prudência, força, fortaleza* ou *coragem, temperança*, e a palavra *justiça* aí apenas se encontre na referência ao célebre livro de Rawls, *A Theory of Justice*.

---

[234] ALAIN, "Les quatre vertues", de 13 de Janeiro de 1935, in *Propos*, I., texto estabelecido e aprsentado por Maurice Savin, prefácio de André Maurois, Paris, Gallimard, 1956, p. 1247.

[235] Por exemplo, por todos, LUC FERRY, *L'Homme Dieu*, Paris, Grasset, 1996, trad. port. de Maria do Rosário Mendes, *O Homem-Deus ou o Sentido da Vida*, Porto, Asa, 1997; FERNANDO SAVATER, *Ética para Amador*, Barcelona, Ariel, trad. port. de Miguel Serras Pereira, *Ética para um Jovem*, 4.ª ed., Lx., Presença, 1997.

Os problemas que este autor, cada vez mais lido e discutido entre nós, sobretudo nos meios filosóficos analíticos, nos coloca são totalmente outros. Por exemplo, e aleatoriamente: Qual o mal de matar? Será que um "animal não humano" pode ser uma pessoa? Haverá valor para além dos seres sensientes? Porquê agir moralmente? Será que a vida tem sentido? Será legítimo usarmos papel não reciclado?[236] Claro que algumas destas são interrogações retóricas. Na sua ética, Singer teoriza sobre alguns domínios velhos e outros novos: a libertação animal, o valor do animal comparado com o do homem, a vida e a morte (o aborto e a eutanásia, a justificação do infanticídio), como combater a pobreza, melhorar o ambiente, etc., etc., recusando, como vemos, alguns temas clássicos, desde logo aquele que nos interessaria aqui. Com ele, o nosso Rafael pouco pode dialogar. Mas é um autor expressivo do que pode entender-se hoje também sob o rótulo aparentemente reconfortante e burguês de "Ética". Não faltará quem considere, com o devido respeito, mas louvando-se de excelentes razões e óptimos autores, que o mais original do pensamento de Singer, e ainda alguns dos *loci communes* que veicula, seriam o mais acabado exemplo de posições antiéticas, ou, se preferirmos a linguagem das virtudes, consubstanciariam a sua acabada negação: não apenas por falta de fé, esperança e caridade, mas, pelo menos, por total imprudência, gritante injustiça, e decerto por alguma intemperança. É plausível que também por falta efectiva de coragem, virtude como as demais mediana, e contrária à temeridade. Todavia, essa questão já não pertence ao presente tema... E opiniões são opiniões...

Não se veja na constatação da ausência das virtudes no livro de Singer uma crítica substancial: já Kant, na *Metafísica dos Costumes*, falando delas, o faz de tal forma (e cremos não estar a ser injusto

---

[236] PETER SINGER, *Practical Ethics*, Cambridge University Press, 1993, trad. Port. de Álvaro Augusto Fernandes, *Ética Prática*, Lx., Gradiva, 2000, especialmente pp. 103, 129, 297, 339, 356, 9.

para com um grande filósofo) que quase as não identificamos[237]. E de todo o modo de pouco nos aproveitaria para ler Rafael. Confessamos que também corremos a buscar em La Rochefoucauld[238] algum apoio mais antigo, para não termos de ir Ética *more geometrico* de Espinosa. Mas um folhear breve nos recordou tratar-se mais de um tratado de vícios que de virtudes. Rafael, mesmo com os seus ensaios do grotesco nas *Loggiæ*, não conseguiria pintar o cinismo *en style grand seigneur*...

Uma visão também atomista, mas numa clave totalmente diversa é a de William J. Bennett, que elabora uma antologia literária de proveito e exemplo em intenção das crianças[239]. Vale a pena ver quais as virtudes que pretende fazer frutificar, dez como o decálogo, e também com esse sabor prescritivo: autodisciplina, compaixão, responsabilidade, amizade, trabalho, coragem, perseverança, honestidade, lealdade, fé. Eis um exemplo de uma excelente ideia, com a melhor das intenções (e que certamente colherá os seus bons frutos), que todavia claudica por atomismo extremo, preceptivismo e confusão conceitual própria da *vox populi*. As virtudes consideradas não são nada do mesmo tipo, nem sequer são todas verdadeiras virtudes. Graficamente não podemos pensar num Rafael a ilustrá-las. Só um pintor meio anónimo de uma dessas épocas e lugares de realismo ou neo-realismo autoconfiantes, representando trabalho musculoso, coragem arrojada ao vento, amizade de mãos unidas. Mas felizmente

---

[237] EMMANUEL KANT, *Grundlegung zur Metaphysik der Sitten*, 1785. Aliás, a tendência para a dispersão entre múltiplas virtudes (e correspondente multidão de vícios), que aliás é patente em Comte-Sponville nos nossos dias, sem que todavia o autor olvide as referências clássicas, parece vir já dos estudos de ética *Philosophia Practica Universalis* e da *Ethica* kantianas, ambos recolhidos em IMMANUEL KANT, *Lecciones de Ética*, introd., notas. de Roberto Rodríguez Aramayo e trad. do mesmo e Concha Roldán Panadero, Barcelona, Crítica, 1988.

[238] LA ROCHEFOUCAULD, *Œuvres Complètes*, prefácio, variantes, notas e bibliografia de L. Martin-Chauffier, Paris, Gallimard, 1957.

[239] WILLIAM J. BENNET (ed. e comentários), *The Book of Virtues*, Nova Iorque, Simon & Schuster, 1993.

o livro encontrou ilustrações que completamente subvertem essa primeira impressão, e a qualidade dos textos e sua moral acabam por fazer desvanecer essa simultânea rigidez e difusibilidade do plano.

No final desta brevíssima reminiscência de teorias, vale certamente a pena ponderar que mesmo o embaraço que inegavelmente se continua a sentir ao falar-se em virtudes (ou que leva a que delas se não fale) pode ter uma razão positiva, ou ser recuperado positivamente. É o que sucede na pena, optimista sem dúvida, de Romano Guardini:

> "Agora temos de falar de algo cujo tratamento se depara com uma dificuldade peculiar: da virtude. Suponho que a palavra produz em quem a escuta a mesma sensação que eu tenho ao pronunciá-la: algo como que uma incomodidade, como de pretexto para reinação. É uma sensação compreensível. Nela se encerra o protesto contra o orgulho moral e, em concreto, contra quem se considera instalado no bem, eticamente superior; e também a desconfiança de que o orgulho possa ser ainda hipocrisia, já que constantemente estamos faltando à bondade, e neste caso as faltas ou se não admitem ou se ocultam. Porém neste protesto há também algo de bonito: o pudor que se guarda na hora de ostentar o ético. Isto é considerado contrário à ordem das coisas, já que o bem se não deve apregoar nunca; tem que fazer-se notar, mas por dentro; tem que ser sempre o mais importante, mas não colocar-se directamente como o primeiro e exibindo-se"[240].

Mas o que fica com um travo amargo de desilusão é que a lição de Aristóteles, no que toca à matéria ética, embora por vezes ritualmente repetida com fins didácticos, não tem colhido. Apesar de todas as inovações, por vezes chocantes, continuamos repetindo

---

[240] ROMANO GUARDINI, *Ethik. Vorlesungen an der Universitaet Muenchen*, trad. cast. de Daniel Romero e Carlos Diaz, *Ética. Lecciones en la Universidad de Múnich*, Madrid, BAC, 1999, p. 242.

decálogos em éticas afinal muito morais porque muito prescritivas, e dicotómicas. Ora a lição de Aristóteles, nessa matéria, fora o de proceder de forma plural (daí as "Éticas", embora os títulos com muita frequência se traduzam, a nosso ver erroneamente, quase sempre no singular), caractereológica, mostrando o diverso *ethos* de diferentes tipos de pessoas e grupos, por um lado, e advogando a virtude como meio termo, entre vícios opostos, por outro[241]. Projecto talvez ousado demais para maniqueísmos que facilmente tendem a instalar-se nestas matérias sensíveis. E todavia, um repto sempre presente e sempre interpelante.

---

[241] Cf., por todos, a breve referência de JULIAN MARIAS, *Historia de la Filosofía*, pp. 87-88 e as sínteses de ALASDAIR MACINTYRE, *A Short History of Ethics*, 9.ª reimp., Routledge, 1993, p. 63 ss., WERNER JAEGER, *Aristóteles*, trad. cast. de José Gaos, 2.ª reimp., México, Fondo de Cultura Económica, 1984, p. 262 ss., Sir DAVID ROSS, *Aristotle*, Methuen & Co., Londres, 1983, trad. port. de Luís Filipe Bragança S. S. Teixeira, *Aristóteles*, Lx., Dom Quixote, 1987, p. 198 ss.., W. C. K. GUTHRIE, *History of Greek Philosophy*, vol. VI., *Aristotle: an Encounter*, reimp., Cambridge, Cambridge University Press, 1983/1990, p. 357 ss..

CONCLUSÃO

Arte

Rafael é, neste ciclo, um autor ao serviço de uma ideia, de uma cosmovisão, de uma ideologia. Em que medida recebeu a encomenda desta apologia da fé e de uma razão mais platónica que aristotélica, sem negar Aristóteles, é questão ainda para ponderar. Mas ninguém foge à sua circunstância, e a originalidade e o carácter têm mesmo de emergir dessas determinantes. No plano da concepção, é um hino aos bens clássicos *verdade, bem, belo*, com tintas cristãs. Mas nem a religiosidade abafa o ar intemporal e não sectário (tão livre na livre "Escola de Atenas"), nem a epopeia é tão épica que desumanize as personagens. Respira-se um ambiente de doseada harmonia entre a dignidade do espaço e do tema (mais patentes na Disputa e no quase díptico das Decretais e das Pandectas) e as utopias de iguais (que são o Parnaso e a "Escola de Atenas").

Sabedoria

Rafael foi sem dúvida platónico, mas, de índole sincrética e reverenciadora das autoridades, não deixou de colocar Aristóteles no centro da sua "Escola de Atenas". A concepção de sabedoria nela presente é enciclopédica e plural, aí se encontrando abundantíssimas sugestões para uma magnífica lição sobre o que deve ser uma universidade: na verdade, uni(di)versidade.

De notar sobretudo que não vislumbramos leis asfixiadoras da *libertas docendi*, nem secretarias burocratizantes, nem alunos alheados e como que contrafeitos, nem mestres ausentes e inacessíveis, nem chefes autocratas. E que alívio, e que paz!

Ética, Justiça e Direito

Rafael pôs de parte a ideia de pintar na *Stanza della Segnatura* uma representação do Juízo final. Poderá discutir-se o que tal decisão poderá ter tido a ver com o trabalho de Miguel Ângelo na Capela Sistina. Mas, de facto, uma tal tema em nada se articularia, pela sua magnitude e contexto escatológico, na mundividência que as quatro paredes da *Stanza* evidenciam: uma cosmovisão platónica. O juízo final não representa, com efeito, o modelo da justiça-virtude (nem tampouco o arquétipo da justiça humana da justiça particular), mas o último episódio da História, contrário à ucronia da sua utopia, qual sempiternidade de céu na terra. A *stanza* é um outro Parnaso (a "Escola de Atenas" também o é)[242], não um vale de Josaphat.

Assim, ao invés do que seria o modelo da pura justiça divina (para mais vista com olhos humanos e eventualmente numa versão excessivamente determinada pela sua circunstância[243]), o que hoje

---

[242] Uma e outra, e, em geral, toda a *Stanza*, comungam de um ambiente isolado do "mundo lá fora". A *Stanza* funciona assim como uma espécie de símbolo espacial de toda separação e estranhamento do Renascimento face às circunstâncias sociais, económicas, políticas envolventes. Cf., sobre esta envolvente, EUGÉNIO GARIN, *O Renascimento. História de uma Revolução Cultural*, trad. port., Porto, Telos, 1983, *v.g.*, pp. 9-10.

[243] As imagens do juízo, dos delitos, das penas e dos lugares de expiação têm variado. Além das histórias do inferno, purgatório, e do próprio céu. Cf., *inter alia*, JEAN DELUMEAU, *Une Histoire du Paradis – Le jardin des délices*, Paris, Fayard, 1992; JACQUES LE GOFF, *La Naissance du Purgatoire*, Paris, Galimard, 1981, trad. port. de Maria Fernanda Gonçalves de Azevedo, *O Nascimento do Purgatório*, Lx., Estampa, 1993. Na verdade, segundo algumas correntes novas da teologia católica, o inferno não é senão uma hipótese. Cf. KARL RAHNER, *Grundkurs des Glaubens*, Friburgo de Brisgóvia, Herder Kg, 1977, trad. cast. de Raúl Gabás Pallás, *Curso Fundamental sobre la Fe. Introducción al Concepto de Cristianismo*, 5.ª ed., Barcelona, Herder, 1998, máx. p. 499 ss.. Sobre a maior capacidade humana em conceber infernos do que em visualizar céus, cf. GEORGE STEINER, *In Bluebeard's Castle (Some notes towards the redefinition of Culture)*, trad. port. de Miguel Serras Pereira, *No Castelo do Barba Azul. Algumas notas para a redefinição da Cultura*, Lx., Relógio D'Água, 1992. Para uma visão mais abrangente em diversas religiões, PIERRE-ANTOINE BERNHEIM, GUY STAVRIDES, *Para-*

Conclusão

temos no quadrante da Justiça é a estrutura, admiravelmente simbolizada e executada, da narrativa causante da Justiça numa perspectiva cristã e platónica (ou neoplatónica na medida em que platónica cristianizada): no tecto, a pura Justiça, arquétipo inteligível, no céu dos conceitos. Logo a seguir, o tímpano das virtudes, quer cardeais quer teologais, a mostrar que, mesmo se as teologais são menores e como que ancilares neste particular, e ainda que despojadas de signos mais eloquentemente religiosos, são elas, pilares da dimensão religiosa e moral (e no caso mais moral que religiosa), que determinam o Direito. Só depois, nas paredes a ladear a janela, vêm os fresco das Decretais e do Digesto, apresentados nos seus momentos fundadores, mas sintomaticamente desprovidos de qualquer alusão ao Direito Natural.

Coerentemente, Rafael identifica o Direito, todo o Direito, com o direito positivo, porquanto para fundamento já se encontra solidamente arrimado nas virtudes, morais e religiosas, e mais que nelas, na Ideia de Justiça.

Tudo indica que Rafael não conhecia (ou não aderiu) à perspectiva de autonomização do jurídico, cara a Aristóteles, nem ao desejo de laicização do Direito, protagonizado por S. Tomás. Entre este último e o seu tempo interpusera-se, evidentemente, muita água nominalista e muita escolástica tardia sob as pontes da História. Porém, se a Prudência não é a virtude das virtudes em Rafael, tal se deve certamente ao facto de não estar a fazer teologia moral, mas representação da Justiça. E, mesmo assim, a Prudência surge no centro das virtudes e num plano superior. Aliás, o próprio Tomás de Aquino, na linha de Aristóteles, embora moderando o Filósofo, dá a maior relevância à Justiça, como suprema das virtudes morais, dependendo porém, na ordem do ser e da verdade, da Prudência.

Esta representação da Justiça, com todos os abundantes problemas filosóficos e teológicos que levanta, é sem dúvida muito inspiradora, designadamente num tempo, como o nosso, em que para muitos falecem elementos legitimadores e fundamentadores do Direito.

---

dism paradis, Paris, Plon, 1991, trad. al., *Welt der Paradiese, Paradiese der Welt*, Zurique, Artemis & Winkler, 1992.

A surda disputa entre S. Tomás e Platão (ou, talvez melhor, a alternativa entre eles) de que Aristóteles e Rafael, cada um a seu modo, são pontos intermédios, continua a estar aí, nos murais da *Stanza*, como um desafio permanente.

Génio e Epigonismo

Platão e Aristóteles, as personagens centrais do fresco da Escola, foram génios excepcionais de profunda originalidade, e tiveram múltiplos discípulos, mais ou menos fiéis. Mesmo se Platão foi discípulo de Sócrates e Aristóteles de Platão, foram sempre todos mais amigos da verdade, e da sua verdade. Fundaram escolas, ambos, e essas escolas continuaram, guiadas pela esteira dos mestres, pelo tempo fora. Como que escondidos ambos, discretamente, outros dois génios, de tipo muito diverso, estão também na *Stanza*: Tomás de Aquino e Rafael. Bernard Shaw disse de Rafael, e Pieper, embora incomodado com a agressividade da forma, acabou por dizê-lo também do Doutor Universal: "tiveram grandes homens como precursores e só imbecis como seguidores"[244]. Talvez por isso os dois filósofos gregos conservam consensual veneração, enquanto estes dois gigantes, do pensamento e da arte, ainda são por vezes vistos à luz de uma medíocre posteridade[245].

---

[244] G. B. SHAW, *Musik in London* (Bibliothek Suhrkamp, Frankfurt, 1957), p. 63 ss., *apud* JOSEF PIEPER, *Filosofía Medieval y Mundo Moderno*, p. 228.

[245] Há uma dupla mediocridade: a dos epígonos e a dos bárbaros, que desdenham o génio. Já Goethe se insurgia contra os artistas alemães que se atreviam a minimizar Rafael e Ticiano. Cf. GOETHE, *Conversations avec Eckermann (1836-1848)*, trad. fr. de J. Chuzeville, nova ed. revista e apresentada por Cl. Roels, Paris, Gallimard, 1988, conversa de 22 de Março de 1831, p. 408. Apesar de que Ticiano era bem diferente de Rafael. Uma interessante comparação com os três grandes génios da arte renascentista é a de GOMBRICH, *Histoire de l'Art*, p. 331: "Ticiano não possuía nem a erudição universal de Leonardo, nem a poderosa personalidade de Miguel Ângelo, nem o 'charme' de Rafael. Era verdadeiramente e antes de mais um pintor (…)"

Permitamo-nos, a terminar, um sonho platónico: a *Stanza* não é senão uma imagem decaída (e modesta) da que se encontra no céu dos conceitos. Aí, Aristóteles, Justiniano e Triboniano e Tomás (e talvez um romano clássico, por exemplo, simbolizado em Cícero) substituem os dois painéis do Direito Positivo. Antígona e as vítimas resgatadas no tribunal de Nuremberga, ou a deusa da Liberdade de Tia – Na – Men, simbolizando o Direito Natural, contracenam com as virtudes, numa meia lua que, decerto por um sistema de réguas reclináveis (ou outro, electrónico e computorizado), ora mostra uma ora outra das legitimações do Direito. Rafael aproximar-se-á bem mais do centro da Escola: *qui se humiliat, exaltabitur*[246]. A Justiça, essa *constans et perpetua voluntas*, assente no tímpano das virtudes, pode e deve continuar no tecto, contemplando a sua obra. E vendo que tudo estava bem, poderá, enfim, descansar.

---

[246] Lc., XVIII, 14.

Créditos das Estampas

    – http://www.christusrex.org/ Copyright *Christus Rex, Inc*.e **Michael Olteanu, MS,** executive director.

BIBLIOGRAFIA

Nunc adeamus bibliothecam, non illam quidem multis
instructam libris, sed exquisitis.

Erasmus

Nota: As obras clássicas só são referenciadas completamente quando a edição
consultada se haja revelado infungível. Só se refere a bibliografia consultada e
mais directamente pertinente com as diferentes passagens do presente estudo.

A Bíblia Sagrada contendo o Velho e o Novo Testamento, ed. rev. e corr., trad. de
João Ferreira de Almeida, n/ ed., Lx., Sociedades Bíblicas Unidas, 1993
A Bíblia Sagrada, trad. do Padre António Pereira de Figueiredo, reed. da aprovada
em 1842 pela rainha D. Maria II com a consulta do Patriarca Arcebispo
eleito de Lisboa, Lx., Deposito das Escripturas Sagradas, 1924
AA. VV., *La Fidélité*, Paris, Autrement, 1991, trad. port. de Carlos Martins Pereira,
A Fidelidade. Um Horizonte, uma Troca, uma Memória, Lx., Difel, 1992.
AA. VV., *La Politesse*, Paris, Autrement, 1991, trad. port. de Vanda Anastácio,
A Delicadeza. A virtude das aparências, Lx., Difel, 1992
AA.VV., *Le Retour des sceptiques*, número 394, "Magazine Litteraire", Janeiro
2001
Adame Goddard, Jorge, *Filosofía Social para Juristas*, México *et al.*, Universi-
dad Nacional Autónoma de México/ Mc Graw Hill, 1998
Adler, Mortimer J. (ed.), *The Great Conversation*, 5.ª ed., Chicago…, Encyclo-
paedia Britannica, 1994
Alain, "Les quatre vertues", de 13 de Janeiro de 1935, in *Propos*, I, texto estabe-
lecido e apresentado por Maurice Savin, prefácio de André Maurois, Paris,
Gallimard, 1956
Alain, *Propos sur l'Esthétique*, 6.ª ed., Paris, PUF, 1991
Almeida, Teodoro de, *O Feliz Independente do mundo e da fortuna ou arte de*
viver contente em quaisquer trabalhos da vida, 2.ª ed., Lx., Régia Officina
Typografica, 1786, 3 vols

ANDRÉ, JOÃO MARIA, *Renascimento e Modernidade. Do Poder da Magia à Magia do Poder*, Coimbra, Minerva, 1987

ANGOULVENT, ANNE-LAURE, *L'Esprit baroque*, 2.ª ed., Paris, P.U.F., 1996 (1.ª, 1994), ed. port. com um capítulo «A Cultura Barroca em Portugal», de António Horta Fernandes, trad. de Maria Luzia Machado, *O Barroco*, Mem Martins, Europa-América, 1996

ARENAS, JOSÉ FERNÁNDEZ, *Teoría y Metodología de la Historia del Arte*, 2.ª ed., 2.ª reimp., Barcelona, Anthropos, 1990 (1.ª ed. 1982),

ARGAN, GIULIO CARLO, *Storia dell'arte italiana*, 2.ª ed., Florença, Sansoni, 1999, trad. cast. de J. A. Calatrava Escobar, *Renacimiento y Barroco. II. De Miguel Ángel a Tiépolo*, Madrid, Akal, 1999

ARISTÓTELES, *Éticas a Nicómaco*

ARNHEIN, RUDOF, *Toward a Psychology of Art/Entropy and Art – An Essay on Disorder and Order*, trad. port. de João Paulo Queiroz, *Para uma Psicologia da Arte & Arte e Entropia*, Lx., Dinalivro, 1997

BACON, FRANCIS, *Ensaios*, 2.ª ed., trad. port. de Álvaro Ribeiro, Lx., Guimarães Editores, 1972

BATTISTI, EUGENIO, *Hocherenaissance und Manierismus*, Holle, trad. port. de Maria Inês Sousa Guerra, *Renascimento e Maneirismo*, Lx., Verbo, 1984

BATTISTINI, MATILDE, *Simboli e Allegorie*, Milão, Mondadori Electa, reed. de 2003

BAZIN, GERMAIN, *Histoire de l'Histoire de l'Art*, Paris, Albin Michel, 1986, trad. Bras. De Antonio de Padua Danesi, *História da História da Arte*, S. Paulo, Martins Fontes, 1989

BECHERUCCI, LUISA, "Raphael and Painting", in AA. VV., *Raffaello. The Paintings. The Drawings*, Novara, Istituto Geografico De Agostini, 1998

BECK, JAMES, *The Stanza della Segnatura*, Nova Iorque, George Braziller, 1993, trad. it. de Achille Albertelli, *Rafaello. La Stanza della Segnatura*, Turim, Società Editrice Internazionale, 1996

BENNET, WILLIAM J. (ed. e comentários), *The Book of Virtues*, Nova Iorque, Simon & Schuster, 1993

BERKOWITZ, PETER, *Virtue and making of Modern Liberalism*, Princeton University Press, 1999

BERNHEIM, PIERRE-ANTOINE/STAVRIDES, GUY, *Paradism paradis*, Paris, Plon, 1991, trad. al., *Welt der Paradiese, Paradiese der Welt*, Zurique, Artemis & Winkler, 1992

BEUCHOT, MAURICIO, *Introducción a la filosofía de Santo Tomás de Aquino*, Méjico, UNAM, 1992

Bíblia Sagrada, 8.ª ed., Lx., Difusora Bíblica, 1978

Bíblia Sagrada. Edição Pastoral, 3:ª ed., ed. Orig. bras. da Pia Sociedade de S. Paulo, edições Paulus, adapt. Port., 1997

Bibliografia

BLOOM, HAROLD, *Genius: a mosaic of one hundred exemplary creative minds*, trad. bras. de José Roberto O'Shea, *Gênio*, Rio de Janeiro, Objectiva, 2003

BLOOM, HAROLD, *Shakespeare, The Invention of the Human*, Riverhead Books, 1999

BLOOM, HAROLD, *The Anxiety of Influence. A theory of poetry*, New York, Oxford University Press, 1973

BLOOM, HAROLD, *The Western Canon. The Books and the School of the Ages*, trad. port., introd. e notas de Manuel Frias Martins, *O Cânone Ocidental*, Lx., Temas de Debates, 1997

BLUMENBERG, HANS, *Die Legitimitaet der Neuzeit (erweiterte und ueberarbeitete neuausgabe)*, 4.ª ed., Frankfurt, Suhrkamp, 1976 (trad. ingl. de Robert M. Wallace, *The Legitimacy of the Modern Age*), Cambridge, Mass/London, 1983

BOULEAU, CHARLES, *Charpentes. La Géométrie Secrète des Peintres*, Paris, Seuil, 1963

BRANDT, SEBASTIAN, *Das Narrenschiff,* adaptação fr. de Madeleine Horst, *La Nef des Fous*, Estrasburgo, La Nuée Bleue, 1977

BRONOWSKI, J./MAZLISCH, BRUCE, *The Western Intelectual Tradition*, 1960, trad. port. de Joaquim João Braga Coelho Rosa, *A Tradição Intelectual do Ocidente*, Lisboa, Edições 70, 1988

BUCK, STEPHANIE/HOHENSTATT, PETER, *Meister der italienischen Kunst – Raffael*, Colónia, Koenemann, 1998, trad. cast. de Pablo Alvara Ellacuría, *Raffaelo Santi, llamado Rafael. 1483-1520*, Barcelona, Koenemann, 2000, p. 65.

BURCKARDT, JACOB, *A Civilização do Renascimento Italiano*, trad. port., 2.ª ed., Lisboa, Editorial Presença, 1983

CANUTI, FIORENZO, *Il Perugino*, Siena, 1931, 2 vols., I vol.

CAYGILL, HOWARD, *Art of Judgment*, Oxford, Basil Blackwell, 1989

CHASTEL, ANDRÉ, "O Artista", in *L'Uomo del Rinascimento*, dir. de Eugenio Garin, Roma/Bari, Laterza, 1988, trad. port. de Maria Jorge Vilar de Figueiredo, *O Homem Renascentista*, Lx., Presença, 1991

CHESTERTON, G. K., *Saint Thomas du Createur*, trad. fr., Niort, Antoine Barrois, 1977

COMTE-SPONVILLE, ANDRÉ, *Petit Traité des Grandes Vertues*, Paris, P.U.F., 1995, trad. port. de Maria Bragança, *Pequeno Tratado das Grandes Virtudes*, Lx., Presença, 1995

CORÇÃO, GUSTAVO, *A Descoberta do Outro*, décima ed. (1.ª 1943), Rio de Janeiro, Agir, 2000

CRUZ, SEBASTIÃO, *Direito Romano*, I. *Introdução. Fontes*, 3.ª ed., Coimbra, ed. do autor, 1980

CUNHA, PAULO FERREIRA DA, *Constituição, Direito e Utopia. Do Jurídico-Constitucional nas Utopias Políticas*, Coimbra, 'Studia Iuridica', Boletim da Faculdade de Direito, Universidade de Coimbra/Coimbra Editora, 1996

CUNHA, PAULO FERREIRA DA, *Dalla Simbologia Giuridica a una Filosofia Giuridica e Politica Simbolica? ovvero Il Diritto e i Sensi*, in "Quaderni Filosofici", Pádua, CEDAM, 1998

CUNHA, PAULO FERREIRA DA, *Die Symbole des Rechts. Versuch einer Synthese*, in «Archiv fuer Rechts- und Sozialphilosophie», vol. 80 – 1994 1. Quartal. Heft 1, Stuttgart, Franz Steiner, 1994

CUNHA, PAULO FERREIRA DA, *Direito e Humor*, in "Psicologia, Educação, Cultura", vol. IV, n.º 2, Porto, Dezembro 2000 (saíu em Janeiro 2001), p. 411-435

CUNHA, PAULO FERREIRA DA, *Entre a Superação do Positivismo e o Desconforto com o Direito Natural Tradicional*, in *História do Pensamento Filosófico Português*, dir. de Pedro Calafate, vol. V, tomo 2, Lx., Caminho, 2000, p. 58 ss..

CUNHA, PAULO FERREIRA DA, *Faces da Justiça*, Coimbra, Almedina, 2002

CUNHA, PAULO FERREIRA DA, *La Balance, le Glaive et le Bandeau. Essay de Simbologie Juridique*, in «Archives de Philosophie du Droit», Paris, Sirey, 1995, separata, 1996

CUNHA, PAULO FERREIRA DA, *Le Droit et les Sens,* Paris, L'Archer, dif. P.U.F., 2000

CUNHA, PAULO FERREIRA DA, *Uma Introdução à Semiologia Jurídica. Os Símbolos do Direito*, in EYDIKIA, 3-4., Atenas, 1995, p. 101 ss.

CURTIUS, E. R., *La Littérature Européenne et le Moyen-Âge Latin*, trad. fr. de Jean Bréjoux, Prefácio de Alain Michel, Paris, P.U.F., 1956

DA BOLOGNA, NICOLÒ, *Novella super libros Decretalium*, de Giovanni Andrea, 1355, Milão, Ambrosiana, ms. B 42 inf,m fol. 1. Reprodução *in* E. H. GOMBRICH, *Imágenes Simbólicas*, estampa 75.

DE KERCKHOVE, DERRICK, *The Skin of Culture (Investigating the New Electronic Reality)*, trad. port. de Luís Soares e Catarina Carvalho, *A Pele da Cultura. Uma Investigação sobre a Nova Realidade Electrónica*, Lx., Relógio D'Água Editores, 1997

DE TOCQUEVILLE, ALEXIS, *De la Démocratie en Amérique*, Paris, Garnier-Flammarion, 1981, 2 vols.

DELUMEAU, JEAN, *A Civilização do Renascimento*, trad. port., Lx., Estampa, 1983, 2 vols.

DELUMEAU, JEAN, *Une Histoire du Paradis – Le jardin des délices*, Paris, Fayard, 1992

D'ORS, EUGÉNIO, *O Barroco*, trad. port. de Luis Alves da Costa, Lx., Vega, 1990

DURAND, GILBERT, *Les structures anthropologiques de l'imaginaire. Introduction à l'archétypologie générale*, Paris, Bordas, 1969, trad. port. de Hélder Godinho, *As Estruturas Antropológicas do Imaginário*, Lx., Presença, 1989

ECO, UMBERTO, *Arte e Bellezza nell'Estetica Medievale*, Milão, 1987, trad. port. de António Guerreiro, *Arte e Beleza na Estética Medieval*, Lx., Presença, 1989

Bibliografia   143

EISENBERG, JOSÉ, "A Justiça de Giotto I: a moralidade da Justiça, II: a moralidade do direito", in *A Democracia depois do Liberalismo*, Rio de Janeiro, Relume Dumará, 2003, pp. 135 ss..

ELIADE, MIRCEA, *Traité d'histoire des religions*, Paris, Payot, 1949, nova ed. port. trad. por Fernando Tomaz e Natália Nunes, *Tratado de História das Religiões*, Porto, Asa, 1992

ENES, JOSÉ, *A Autonomia da Arte*, Lx., União Gráfica, s.d

ENGELS, FRIEDRICH, Carta a J. BLOCH, em 21/22 de Setembro de 1890

EORSI, ANNA, *Az internacionális gótika festészete*, Budapeste, Corvina Kiadó, 1984, trad. cast. de Krisztina Zilahi, *La Pintura Gótica Internacional*, Budapeste/Havana, Corcina/Editorial Arte y Literatura, 1987

ESTEBAN LORENTE, JUAN F., *Tratado de Iconografía*, Madrid, Istmo, 1998

FABRO, CORNELIO, *Introducción al tomismo*, Madrid, Rialp, 1967

FASSÒ, GUIDO, *San Tommaso giurista laico?*, in "Scritti de Filosofia del Diritto", a cura di E. Pattaro/Carla Faralli/G. Zucchini, Milano, Giuffrè, I, 1982, p. 379 ss..

FEBVRE, LUCIEN, *Le problème de l'incroyance au XVI.e siècle*, Paris, Albin Michel, 1970, trad. port. de Rui Nunes, *O Problema da Descrença no Século XVI: A Religião de Rabelais*, Lx., Editorial Início, sd.

FERRY, LUC, *L'Homme Dieu*, Paris, Grasset, 1996, trad. port. de Maria do Rosário Mendes, *O Homem-Deus ou o Sentido da Vida*, Porto, Asa, 1997

FORMENT, EUDALDO, *Id a Tomás*, Pamplona, F. Gratis Date, 1998

FREYRE, GILBERTO, "A Língua Inglesa", *Selecta para Jovens*, Lx., Livros do Brasil, s.d. (1981

FULLER, PETER, *Art and Psychoanalysis*, Londres, Writers & Readers, 1980, trad. port. de Manuel João Gomes, Lx., Dom Quixote, 1983

G. LAHR, *História da Filosofia*, trad. port., Editor: Manuel Luís da Costa Azevedo, 1933

GARCÍA LÓPEZ, JESÚS, *Tomás de Aquino, maestro del orden*, Madrid, Cincel, 1985

GARIN, EUGÉNIO, *Medioevo e Rinascimento*, Roma/Bari, Laterza, trad. port. de Isabel Teresa Santos/Hossein Eddighzadeh Shooja, *Idade Média e Renascimento*, Lx., Estampa, 1988

GARIN, EUGÉNIO, *O Renascimento. História de uma Revolução Cultural*, trad. port., Porto, Telos, 1983

GARRIGOU-LAGRANGE, R., *Las tres edades de la vida interior*, 7ª ed., Madrid, Palabra, 1992

GEACH, PETER T., *The Virtues*, Cambridge, Cambridge University Press, 1977, trad. cast. e apresentação de Jorge V. Arregui e Carlos Rodríguez Luesma, *Las Virtudes*, Pamplona, EUNSA, 1993

GENETTE, GÉRARD, *L'Œuvre de l'Art*. I, *Immanence et transcendance*, Paris, Seuil, 1994

GERARD, ANDRÉ-MARIE, *Dictionnaire de la Bible*, Paris, Laffont, 1989

GILSON, ÉTIENNE, *El tomismo. Introducción a la filosofía de Santo Tomás de Aquino*, Pamplona, EUNSA, 1978

GIRARDET, RAOUL, *Mythes et Mythologies Politiques*, Paris, Seuil, 1986

GIRARDI, MONICA, *Rafaello. La Ricerca della Perfezione e la Tenerezza della Natura*, Milão, Leonardo Arte, 1999

GOETHE, *Conversations avec Eckermann (1836-1848)*, trad. fr. de J. Chuzeville, nova ed. revista e apresentada por Cl. Roels, Paris, Gallimard, 1988

GOMBRICH, E. H., *New Light on Old Masters*, Oxford, Phaidon Press, trad. cast. de Remigio Gómez Díaz, *Nuevas Visiones de Viejos Maestros*, 1.ª ed., 1.ª reimp., Madrid, Alianza Editorial, 1994

GOMBRICH, E. H., *Norm and Form*, trad. bras. de Jefferson Luiz Camargo, *Norma e Forma*, São Paulo, Martins Fontes, 1990

GOMBRICH, E. H., *Symbolic Images – Studies in the Art of Renaissance*, trad. cast. de Remigio Gomez Dias, *Imágenes Simbólicas*, 3.ª reimp., Madrid, Alianza Editorial, 1990

GOMBRICH, E. H., *The Story of Art*, 9.ª ed., Londres, Phaidon, 1995, trad. fr. de J. Combe e C. Lauriol, *Histoire de L'Art*, nova ed. revista e aumentada, Paris, Gallimard, 1997

GOMBRICH, E. H., *Topics of our Time*, Phaidon Press, 1991, trad. cast. de Mónica Rubio, *Temas de Nuestro Tiempo. Propuestas del Siglo XX acerca del Saber y del Arte*, Madrid, Debate, 1997

GRANERIS, GIUSEPPE, *Contribución tomista a la filosofía del derecho*, trad. cast. de Celina Ana Lértora Mendoza, Buenos Aires, Editorial Universitaria de Buenos Aires, 1973

GREENAWALT, KENT, *Conflicts of Law and Morality*, Nova Iorque/Oxford, Oxford University Press, 1989

GUARDINI, ROMANO, *Ethik. Vorlesungen an der Universitaet Muenchen*, trad. cast. de Daniel Romero e Carlos Diaz, *Ética. Lecciones en la Universidad de Múnich*, Madrid, BAC, 1999

GUITTON, JEAN/ANTIER, JEAN JACQUES, *Le Livre de la sagesse et de vertues retrouvées*, Paris, Perrin, 1998, trad. port. de Francisco Custódio Marques, *O Livro as Sabedoria e das Virtudes Reencontradas*, Lx., Editorial Notícias, 1999

GUTHRIE, W. C. K., *History of Greek Philosophy*, vol. VI., *Aristotle: an Encounter*, reimp., Cambridge, Cambridge University Press, 1983/1990

HALE, JOHN, *The Civilization of Europe in the Renaissance*, Harper Collins, 1993, trad. port. de Maria José La Fuente, *A Civilização Europeia no Renascimento*, Lx., Presença, 2000

HESPANHA, ANTÓNIO M., *Panorama Histórico da Cultura Jurídica Europeia*, Mem Martins, Europa-América, 1997

Bibliografia

HOWARD, PHILIP K., *The Death of Common Sense. How Law is Suffocating America*, Nova Iorque, Random House, 1994

http://www.elcatolicismo.com/biblia/

HUIZINGA, JOHAN, *Erasme*, Paris, Gallimard, 1965

HUYGHE, RENÉ, *Les Puissances de L'Image*, Paris, Flammarion, trad. port. de Helena Leonor Santos, *O Poder da Imagem*, Lx., Edições 70, 1998

HUYGHE, RENÉ, *Sens et destin de l'art*, Paris, Flammarion, trad. port. de João Gama, *Sentido e Destino da Arte*, Lx., Edições 70, vol. I, 1998, vol. II, 1986

ISAACS, DAVID, *La Educación de las Virtudes Humanas*, Pamplona, EUNSA, 1980

ISIDORO DE SEVILHA, *Etimologias*

JAEGER, WERNER, *Paideia, Die Formung des Griechichen Menschen*, Berlin, Walter de Gruyter, 1936, trad. port. de Artur M. Parreira, *Paideia. A Formação do Homem Grego*, Lisboa, Aster, 1979

JAEGER, WERNER, *Aristóteles*, trad. cast. de José Gaos, 2.ª reimp., México, Fondo de Cultura Económica, 1984

JANSON, H. W., *History of Art*, 2.ª ed., Nova Iorque, Harry N. Abrams, 1977, trad. port. de J. A. Ferreira de Almeida, com a colaboração de Maria Manuela Rocheta Santos, *História da Arte. Panorama das Artes Plásticas e da Arquitectura da Pré-História à Actualidade*, Lx., Fundação Calouste Gulbenkian, 1984

JOSÉ, CÉLIA DO CARMO/PINTO, PAULO MENDES, *A Biblioteca Virtual de Frei Gaspar de S. Bernardino. Leituras e Autoridades*, in "Clio", Lx., Nova Série, vol. 4, 1999, p. 91 ss..

KANT, *Kritik der praktischen Vernunft*, 1788

KANT, EMMANUEL, *Grundlegung zur Metaphysik der Sitten*, 1785

KANT, IMMANUEL, *Lecciones de Ética*, introd., notas. de Roberto Rodríguez Aramayo e trad. do mesmo e Concha Roldán Panadero, barcelona, Crítica, 1988.

KRISTELLER, PAUL, *The Classics and Renaissance Thought*, Cambridge, Mass., Harvard University Press, trad. port. de Artur Morão, *Tradição Clássica e Pensamento do Renascimento*, Lx., Edições 70, 1995

KUHN, THOMAS S., *The Structure of Scientific Revolutions*, Chicago, Chicago University Press, 1962

La Bible de Jérusalem. La Sainte Bible, nova ed., 14.ª, Paris, Cerf, 1994

LA ROCHEFOUCAULD, *Œuvres Complètes*, prefácio, variantes, notas e bibliografia de L. Martin-Chauffier, Paris, Gallimard, 1957

LAUAND, LUIZ JEAN, "Tomás de Aquino: vida e pensamento – estudo introdutório geral", *in* TOMÁS DE AQUINO, *Verdade e Conhecimento*, tradução, estudos introdutórios e notas de Luiz Jean Lauand e Mario Bruno Sproviero, São Paulo, Martins Fontes, 1999

LAUAND, JEAN, *Saber Decidir: a Virtude da Prudentia*, in "Notandum", ano VII, n. 11, 2004, p. 7 ss.

LAVEISSIÈRE, SYLVAIN, *Prud'hon. La Justice et la Vengeance divine poursuivant le Crime*, Paris, Réunion des Musées Nationaux, 1986

LE GOFF, JACQUES, *La Naissance du Purgatoire*, Paris, Galimard. 1981, trad. port. de Maria Fernanda Gonçalves de Azevedo, *O Nascimento do Purgatório*, Lx., Estampa, 1993

LE GOFF, JACQUES, *Os Intelectuais na Idade Média*, trad. port., Lisboa., Estudios Cor, 1973

LIPOVETSKY, GILLES, *L'Ere du Vide*, trad. port. de Miguel Serras Pereira e Ana Luísa Faria, *A Era do Vazio. Ensaio sobre o Individualismo Contemporâneo*, Lisboa, Relógio d'Água, 1988

LLOYD-JONES, HUGH, *The Justice of Zeus*, ed. revista, Berkeley, Los Angeles, London, Univ. of California Press, 1983.

LOBATO, ABELARDO, *Dignidad y Aventura Humana*, Salamanca – Madrid, San Esteban – Edibesa, 1997

LORENZ, KONRAD, *Die acht Todsuenden der zivilisierten Menscheit*, Munique, Pieper & Co., 1973

MACINTYRE, ALASDAIR, *A Short History of Ethics*, 9.ª reimp., Routledge, 1993

MACINTYRE, ALASDAIR, *After Virtue. A Study in Moral Theory*, Notre Dame (Indiana), University of Notre Dame Press, 1981, reed., Londres, Duchworth, 1985

MACINTYRE, ALASDAIR, *Whose Justice? Which Rationality?*, Londres, Duchworth, 1988

MALHO, LEVI, *O Deserto da Filosofia*, Porto, Rés, s/d.

MANHEIM, KARL, *Ideologie und Utopie*, Bonn, 1930, trad. br., *Ideologia e Utopia*, 4.ª ed., Rio de Janeiro, Editora Guanabara, 1986

MARIAS, JULIAN, *Historia de la Filosofía*, 4.ª ed. Ampliada, Madrid, Manuales de la Revista de Occidente, 1948

MARQUES, RAMIRO, *O Livro das Virtudes de Sempre*, Porto, Asa, 2000

MATTÉI, JEAN-FRANÇOIS, *La Barbarie Intérieure. Essai sur l'immonde moderne*, Paris, P.U.F., 1999

MELKEVIK, BJARNE, *Réflexions sur la Philosophie du Droit*, Paris/Québec (?), l 'Harmattan/Les Presses de l'Université Laval, 2000

MELLO, ALLYRIO GOMES DE, *A Maneira Literária e a Maneira Filosófica do Doutor Angélico*, Coimbra, Tip. da Gráfica Conimbricense, 1924

METZGER, BRUCE M./COOGAN, MICHAEL D., "Wisdom of Solomon", in *The Oxford Companion to the Bible*, Nova Iorque/Oxford, Oxford University Press, 1993, p. 803 ss.

MILLÁN PUELLES, ANTONIO, *La Formación de la Personalidad Humana*, 7.ª ed., Madrid, Rialp, 1989

Missal Popular (org. Valentim Marques, com *copyright* da Conferência Episcopal Portuguesa para os textos litúrgicos), vol. I. *Dominical*, 5.ª ed., Coimbra, Gráfica de Coimbra, 1994

MONCADA, LUIS CABRAL DE, *Filosofia do Direito e do Estado*, II vols., Coimbra, Coimbra Editora, I, 2.ª ed. 1953 (há nova ed. com os dois volumes reunidos).

MORTIER, ROLAND, *L'Originalité. Une nouvelle catégorie esthétique au siècle des Lumières*, Genève, Droz, 1982

MURRAY, PETER e LINDA, *The Art of the Renaissance*, reimp., Londres, Thames and Hudson, 1997

NARDONI, ÉNRIQUE, *Los que Buscan la Justicia. Un Estudio de la Justicia en el Mundo Bíblico*, Estella, EVD, 1997

NORBERG-SCHULZ, CHRISTIAN, *La Signification dans l'architecture occidentale*, Bruxelles, Pierre Mardaga, 1977

OTTONELLO, PIER PAOLO, *La Barbarie Civilizzata*, Génova, Arcipelago, 1993

PAECHT, OTTO, *Methodisches zur kunsthistorischen Praxis*, Munique, Prestel, 1986 (3.ª ed. 1995), trad. Ingl. David Britt, *The Practice of Art History. Reflections on Method*, Londres, Harvey Miller, 1999

PANOFSKY, ERWIN, *Meaning in the Visual Arts*, Nova Iorque, Doubleday, 1955, trad. port. de Diogo Falcão, *O Significado nas Artes Visuais*, Lx., Presença, 1989

PANOFSKY, ERWIN, *Renascimento e Renascimentos na Arte Ocidental*, trad. port., Lx., Presença, 1981

PANOFSKY, ERWIN, *Studies in Iconology*, Oxford, Oxford University Press, 1939 e 1967, trad. port. de Olinda Braga de Sousa, *Estudos de Iconologia. Temas Humanísticos na Arte do Renascimento*, 2.ª ed., Lx. Estampa, 1995

PAPINI, GIOVANNI, *Vita di Michelangelo nella Vita del suo Tempo*, trad. port. de Fernando Amado, *Vida de Miguel-Ângelo na vida do seu tempo*, Lx., Livros do Brasil, s.d

PÉGUY, CHARLES, *Le Porche du mystère de la deuxième vertue*, trad. port. de Henrique Barrilaro Ruas, *O Pórtico do Mistério da Segunda Virtude*, apresentação P.e João Seabra, Lx., Grifo, 1998

PERNOUD, RÉGINE, *Luz sobre a Idade Média*, trad. port., Lisboa, Europa-América, 1984

PERNOUD, RÉGINE, *O Mito da Idade Média*, trad. port., Lisboa, Europa-América, 1978

PETERS, F. E., *Greek Philosophical Terms. A Historical Lexicon*, 2ª ed., New York, New York University Press, 1974, trad. port. de Beatriz Rodrigues Barbosa, Prefácio de Miguel Baptista Pereira, *Termos Filosóficos Gregos. Um Léxico Histórico*, Lx., Gulbenkian, 1997

148   *O Tímpano das Virtudes*

PETIT, CARLOS (ed.), *Pasiones del Jurista, Amor, memoria, melancolía, imaginación*, Madrid, Centro de Estudios Constitucionales, 1997.

PIEPER, JOSEF, *Einfuehrung zu Thomas von Aquin. Zwoelf Vorlesungen*, Munique, Koesel, trad. cast. (agrupando um estudo sobre a escolástica), *Filosofía Medieval y Mundo Moderno*, 2.ª ed., Madrid, Rialp, 1979

PIEPER, JOSEF, *Las Virtudes Fundamentales*, 4.ª ed. cast., Madrid, Rialp, 1990

PIEPER, JOSEF, *Menschliches Richtigsein*, trad. port. de Jean Lauand, *Estar certo enquanto homem – as virtudes cardeias: in* http://www.hottopos.com.br/videtur11/estcert.htm

PINTO, PAULO MENDES/JOSÉ, CÉLIA DO CARMO, *Bíblicos, Antigos e Contemporâneos na formulação do conhecimento Renascentista: a biblioteca virtual de Frei Gaspar de S. Bernardino*, Lx., Centro de Estudos de Teologia/Ciência das Religiões, ULHT, 2000

PLATÃO, *A República*, 3.ª ed., introd., trad. e notas de Maria Helena da Rocha Pereira, Lx., Fundação Calouste Gulbenkian, 1980

PLATON, *Œuvres complètes*, I, trad. nova e notas de Léon Robin com a colaboração de M.-J. Moreau, Paris, Gallimard, 1950 (reimp. 1981)

POCOCK, J. G. A., *The Machiavellian Moment. Florentine Political Thought and the Atlantic Republican Tradition*, Pinceton/Londres, Princeton University Press, 1975

POINTON, MARCIA, *History of Art*, 4.ª ed, Londres e Nova Iorque, Routledge, 1997

POLLOCK, GRISELDA, *Vision and Difference: Feminity, Feminism and the Histories of Art*, 1988

POPE-HENESSY, JOHN, *Raphael*, Londres e Nova Iorque, 1970

POPPER, KARL, *The Open Society and its Enemies*, trad. bras. *A Sociedade Aberta e seus Inimigos*, Belo Horizonte, Ed. Univ. de S. Paulo/Editora Itatiaia, I, 1974

POPPER, KARL, *The Poverty of Historicism*, trad. cast. de Pedro Schwartz, *La Miseria del Historicismo*, (5.ª ed.?) Madrid, Alianza Editorial, 1987

PREZIOSI, DONALD (Ed.), *The Art of Art History. A Critical Anthology, Oxford History of Art*, Oxford, Oxford University Press, 1998

RADBRUCH, GUSTAV, *Vorschule der Rechtsphilosophie*, trad. de Wenceslao Roces, *Introduccion a la Filosofia del Derecho*, 4.ª ed. cast., México, FCE, 1974, p. 139.

RAHNER, KARL, *Grundkurs des Glaubens*, Friburgo de Brisgóvia, Herder Kg, 1977, trad. cast. de Raúl Gabás Pallás, *Curso Fundamental sobre la Fe. Introducción al Concepto de Cristianismo*, 5.ª ed., Barcelona, Herder, 1998

RAINER ROCHLITZ, *Stratégies de l'histoire de l'art,* in "Critique", t. LII, n.º 586, Paris, Minuit, mars 1996, p. 131 ss..

RAMÍREZ, SANTIAGO, *Introducción a Tomás de Aquino*, Madrid, BAC, 1975

Bibliografia 149

RECHT, ROLAND, *Une Bible pour illetrés. Sculpture gothique et 'théâtre de mémoire'*, in "Critique", t. LII, n.° 586, Paris, Minuit, mars 1996

ROCHLITZ, RAINER, *Le Philosophe des historiens d'art*, in "Critique", t. LII, n.° 586, Paris, Minuit, mars 1996, p. 207 ss..

ROJAS, ENRIQUE, *O Homem Light. Uma Vida sem Valores*, trad. port. de P. Virgílio Miranda Neves, Coimbra, Gráfica de Coimbra, 1995

ROSS, Sir DAVID, *Aristotle*, Methuen & Co., Londres, 1983, trad. port. de Luís Filipe Bragança S. S. Teixeira, *Aristóteles*, Lx., Dom Quixote, 1987

ROYO MARÍN, ANTONIO, *Teología de la Perfección Cristiana*, 5.ª ed., Madrid, La Editorial Católica (BAC), 1968

SALVINI, ROBERTO, *Stanze e Logge di Raffaello*, reimp., Novara, Istituto Geografico De Agostini, 1998

SAVATER, FERNANDO, *Ética para Amador*, Barcelona, Ariel, trad. port. de Miguel Serras Pereira, *Ética para um Jovem*, 4.ª ed., Lx., Presença, 1997

SEBASTIÁN, SANTIAGO, *Emblemática e História del Arte*, Madrid, Cátedra, 1995

SELLERT, WOLFGANG, *Recht und Gerechtigkeit in der Kunst*, Goettingen, Wallstein, 1993

SERRES, MICHEL, *Le contrat naturel*, Paris, François Bourin, 1990

SERTILLANGES, A. D., *Santo Tomás de Aquino*, Buenos Aires, Desclée de Brower, 1946, 2 vols.

SILVA, AGOSTINHO DA, *Vida de Miguel Ângelo*, reed., Lx., Ulmeiro, 1989

SILVA, NUNO ESPINOSA GOMES DA, *Humanismo e Direito em Portugal no Século XVI*, Lx., ed. do autor, 1964

SINGER, PETER, *Practical Ethics*, Cambridge University Press, 1993, trad. Port. de Álvaro Augusto Fernandes, *Ética Prática*, Lx., Gradiva, 2000

SNELL, BRUNO, *Die Entdeckung des Geistes*, Goettingen, Vandenhoeck & Ruprecht, 1975, trad. port. de Artur Morão, *A Descoberta do Espírito*, Lx., Edições 70, 1992

SOŁARI, GIOELE, *La Formazione Storica e Filosofica dello Stato Moderno*, Nápoles, Guida editori, 1985

STEINER, GEORGE, *In Bluebeard's Castle (Some notes towards the redefinition of Culture)*, trad. port. de Miguel Serras Pereira, *No Castelo do Barba Azul. Algumas notas para a redefinição da Cultura*, Lx., Relógio D'Água, 1992

STRAUSS, LEO, *Natural Right and History*, Chicago, The Chicago University Press, 1953, trad. fr. de Monique Nathan e Éric de Dampierre, *Droit Naturel et Histoire*, nova ed., Paris, Flammarion, 1986

TOMÁS DE AQUINO, *Summa Theologiae*

UPJOHN, EVERARD M., *et al.*, *History of World Art*, 2.ª ed., Nova Iorque, Oxford University Press, 1958, trad. port. de Manuela França, rev. técn. de José-Augusto França, *História Mundial da Arte*, 9.ª ed., Lx., Bertrand, 1997, III vol

150   *O Tímpano das Virtudes*

VALADIER, PAUL, *L'Anarchie des valeurs*, Paris, Albin Michel, 1997, trad. port. de Cristina Furtado Coelho, *A Anarquia dos Valores. Será o Relativismo Fatal?*, Lx., Instituto Piaget, 1998

VALÉRY, PAUL, "Rapport sur les prix de vertu", in *Oeuvres*, I, ed. estabelecida e anotada por Jean Hytier, Paris, Gallimard, 1957, pp. 939-940.

VALÉRY, PAUL, *Œuvres*, Bibl. de la Pléiade, Paris, Gallimard, 1960, t. II, p. 478 [orig. in *Tel Quel, Choses tues*, 1930].

VALLET DE GOYTISOLO, JUAN, *A Encruzilhada Metodológica Jurídica no Renascimento, a Reforma, a Contra-Reforma*, trad., pref., org. de Fernando Luso Soares (Filho), Lx., Cosmos, 1993

VASARI, GIORGIO, *Les Vies des meilleurs peintres, sculpteurs et architectes*, ed. comentada dir. por André Chastel, 2.ª ed., Paris, Berger-Levrault, 1989

VASCONCELOS, FLÓRIDO DE, *Rafael Santi ou Sanzio*, in «Verbo. Enciclopédia Luso-Brasileira de Cultura", vol. XV, Lx./S. Paulo, s.d., co. 1718

VATTIMO, GIANNI, *La Società Transparente*, Garzanti ed., 1989, trad. port. de Carlos Aboim de Brito, *A Sociedade Transparente*, Lx., Edições 70, 1991

VENTURI, LIONELLO, *Como si comprende la Pittura*, Turim, Einaudi, 1975, trad. cast. de Asun Balzola, *Cómo Entender la Pintura. Desde Giotto a Chagall*, Barcelona, Destino, 1988

VEYNE, PAUL, *Comment on écrit l'histoire*, Paris, Seuil, 1971, trad. port., *Como se escreve a História*, Lisboa, Edições 70, 1987

VICO, G. B., *De Universi Juris uno Principio et Fino Uno*

VILA-CHÃ, JOÃO J., *Renascimento, Humanismo e Filosofia: Considerações sobre alguns temas e figuras*, "Revista Portuguesa de Filosofia", 58 (2202), pp. 739-771

VILCHEZ LINDEZ, JOSE, *Sabiduria*, Estella, EVD, 1990

VILLEY, MICHEL, *La Formation de la pensée juridique moderne*, Paris, Montchrestien, 1975, nova ed. Paris, P.U.F., Léviathã

VILLEY, MICHEL, *Philosophie du Droit*, I. *Définitions et Fins du Droit*, 3.ª ed., Paris, Dalloz, 1982

WINCKELMAN, *Gedanken ueber die Nachahmung der griechischen Werke in der Malarei und Bildhauserkunst* (1754), nova reed. (2.ª), Estugarda, ed. de Ludwig Uhlig, Reclam Verlag, 1977, trad. cast. de Vicente Jarque, *Reflexiones sobre la Imitación del Arte Griego en la Pintura y la Escultura*, 2.ª ed., Barcelona, Península, 1987

WIND, EDGAR, *The Elocuence of Symbols: Studies in Humanist Art*, 2.ª ed., Oxford, Oxford Univ. Press, 1993, trad. cast. por Luis Miñán, *La Elocuencia de los Símbolos. Estudios sobre Arte Humanista*, Madrid, Alianza Editorial, 1993, p. 101 ss. ("La Justicia platónica representada por Rafael").

WIND, EDGAR, *'Theios Psóbos'. Untersuchungen ueber die Platonische Kunstphilosophie*, "Zeitschrift fuer Aesthetik und allgemeine Kunstwissenschaft", XXVI (1932), pp. 349-373, *in ex*: *La Elocuencia de los Símbolos. Estudios sobre Arte Humanista*, p. 41 ss..

WITTKOWER, RUDOLF, "'Grammatica': Von Martianus Capella bis Hogarth", in *Allegorie und der Wandel der Symbole in Antike und Renaissance*, p. 309 ss..

WITTKOWER, EUDOLF, "Der Wandel des Minerva-Bildes in der Renaissance", in *Allegorie und der Wandel der Symbole in Antike und Renaissance*, Colónia, DuMont, 1977, p. 246 ss..

WITTKOWER, RUDOLF/WITTKOWER, MARGOT, *Born under Saturn. The Character and Conduct of Artists: A Documented History from Antiquity to the French Revolution*, Londres, Weidenfeld, 1963, trad. cast. de Deborah Dietrick, *Nacidos bajo el Signo de Saturno. Genio y Temperamento de los Artistas desde la Antiguedad hasta la Revolución Francesa*, 5.ª ed. esp., Madrid, Catedra, 1995

WOELFFLIN, HEINRICH, *Principes Fondamentaux de l'Histoire de l 'Art. Le problème de l'évolution du style dans l'Art Moderne*, trad. fr. de Claire e Marcel Raymond, Paris, Gérard Monfort, 1992

WOLLHEIM, RICHARD, *Painting as an Art*, Princeton University Press, trad. bras. de Vera Pereira, *A Pintura como Arte*, São Paulo, Cosac & Naify, 2002

YOURCENAR, MARGERITE, *L'Œuvre au Noir*, Paris, Gallimard, 1968, trad. port., *A Obra ao Negro*, 2.ª ed., Lx., D. Quixote, 1981

ZWEIG, STEPHEN, *Erasmo de Roterdão*, 9.ª ed., trad. port., Porto, Livraria Civilização, 1979